FLORENCE GILLET

Orar 15 dias com
CHIARA LUBICH

*Fundadora do Movimento
dos Focolares*

DIRETOR EDITORIAL:
Marcelo C. Araújo

COPIDESQUE:
Ana Lúcia de Castro Leite

EDITORES:
Avelino Grassi
Márcio F. dos Anjos

REVISÃO:
Eliana Maria Barreto Ferreira

DIAGRAMAÇÃO E CAPA:
Juliano de Sousa Cervelin

COORDENAÇÃO EDITORIAL:
Ana Lúcia de Castro Leite

TRADUÇÃO:
José Augusto da Silva

© Título original: *Prier 15 jours avec Chiara Lubich*
Nouvelle Cité, Domaine d'Arny, 91680
BRUYÈRES-LE-CHÂTEL

Dados Internacionais de Catalogação na Publicação (CIP)
(Câmara Brasileira do Livro, SP, Brasil)

Gillet, Florence
  Orar 15 dias com Chiara Lubich: fundadora do Movimento dos Focolares / Florence Gillet; [tradução José Augusto da Silva]. – Aparecida, SP: Editora Santuário, 2010. (Coleção Orar 15 dias, 20)

  Título original: Prier 15 jours avec Chiara Lubich
  ISBN 978-85-369-0176-3

1. Católicos – Itália – Biografia 2. Focolares 3. Lubich, Chiara, 1920-2008 I. Título.

09-11069   CDD-922

Índices para catálogo sistemático:

1. Líderes católicos: Biografia e obra 922

Todos os direitos em língua portuguesa reservados à
EDITORA CIDADE NOVA e à **EDITORA SANTUÁRIO** — 2010

Rua José Ernesto Tozzi, 198
06730-000 – Vargem Grande Paulista-SP

Composição, impressão e acabamento:
EDITORA SANTUÁRIO - Rua Padre Claro Monteiro, 342
Fone: (12) 3104-2000 — 12570-000 — Aparecida-SP.

Ano: 2013 2012 2011 2010
Edição: **7** **6** **5** **4** **3** **2** **1**

*Agradeço a Michel Vandeleene
seu encorajamento e releituras atentas.
Sem ele, este livro não teria visto a luz do dia.*

QUEM É CHIARA LUBICH?

Chiara Lubich nasceu no dia 22 de janeiro de 1920 em Trento. Sílvia, é seu nome de batismo, chega a um lar unido e trabalhador, que terá quatro filhos. A mãe é uma cristã fervorosa, ao passo que o pai, tipógrafo, é socialista.

Em 1938, ela obtém brilhantemente o diploma de professora. Ela teria desejado continuar seus estudos, esperando neles saciar sua sede de conhecimento de Deus, e tenta um vestibular para a universidade católica de Milão. Ela alcança a trigésima quarta colocação para trinta e três bolsas. Sua decepção é grande, mas uma voz interior a consola: "Eu é que serei teu mestre".

Em 1939 no Santuário Mariano de Loretto, ela faz uma experiência muito forte do divino e tem uma intuição sobre sua vocação. A seguir, os padres capuchinhos pedem-lhe que se ocupe das moças da Terceira Ordem franciscana. No início de dezembro de 1943, ele percebe claramente que Deus a chama: "Entrega-te toda a mim". Ela, então, pede a autorização a um padre para fazer um voto perpétuo de castidade. Ele lhe concede e no dia 7 de dezembro de 1943, sozinha, às 6 horas da manhã, consagra-se a Deus. Este dia será considerado a data do nascimento do movimento dos Focolares.

Fascinada por Clara de Assis, toma seu nome, Clara, em italiano Chiara.

Sua alegria é contagiosa e entre as moças que ela conhece algumas querem segui-la. Ela comunica-lhes seu ardente desejo de amar a Deus. As longas horas nos abrigos antiaéreos são também ocasiões de juntas compreenderem como responder ao amor de Deus. Quando, no dia 13 de maio de 1944, sua casa foi bombardeada e sua família teve de deixar a cidade, ela decide ficar aí para apoiar o pequeno grupo nascente em torno dela. Pouco depois ela encontrará um apartamento que partilhará com suas primeiras companheiras. Sem que isso tenha sido programado, é o nascimento das pequenas comunidades que são os "focolares".

Os anos 1946-1947 veem fixar-se o primeiro núcleo de uma tradição oral que circulará sob o nome de "história do Ideal". Essa tradição começa infalivelmente por estas palavras: "Era a guerra e tudo desmoronava". É uma historinha sagrada, que será exportada para o mundo inteiro, esta de um grupo que se põe no seguimento de Cristo e descobre a verdade do Evangelho de modo coletivo, pois Chiara é um todo com suas companheiras, e a unidade é o coração de sua vida. Essa história será utilizada por missionários na África e na Ásia como uma pedagogia de evangelização.

Em 1947, o arcebispo de Trento, D. Carlo de Ferrari, conhecendo a vida dessas jovens, afirma: "Aí está o dedo de Deus".

Depois, alguns jovens são atraídos também. Em 1948, o primeiro focolare masculino forma-se em Trento.

Depois da guerra, comunidades nascem um pouco por toda a Itália. Chiara, em 1948, encontra Igino Giordani, em Roma. Ele é casado, pai de quatro filhos, parlamentar, escritor, jornalista, pioneiro do ecumenismo. Sua grande cultura faz-lhe perceber nessa jovem provinciana a presença de um carisma que nenhum daqueles e daquelas que a seguem compreendeu até então.

Ele não tem dúvida alguma: a espiritualidade que está para nascer é ao mesmo tempo nova e tradicional, adaptada principalmente aos leigos. Ele tinha esperado essa espiritualidade toda a sua vida.

Durante o verão de 1949, Chiara parte para descansar nos Dolomitas. Lá, recebe luzes e revelações tais que *a religião*, dirá ela, lhe *parece nova* e que ela compreende *numerosas verdades da fé* (cf. CRI, 65-66). Contudo, ela não vive esse período sozinha: ela comunica logo a Giordani, que foi juntar-se a ela, a suas companheiras e companheiros, o que ela compreende. Eles estão de tal modo *"congregados em unidade"* (MTD, 38) que Chiara fala de uma *"só alma"* que *"progride no divino"* (cf. NU, 2008/3, 177, 288-289). Mais de quarenta anos mais tarde, os escritos dessa época serão estudados por um grupo de peritos de diferentes disciplinas, a Escola Abba, fundada em 1991.

No fim dos anos quarenta, há então um núcleo que vive radicalmente o Evangelho e em torno do qual gravita uma comunidade de pessoas muito variadas. Os pontos da espiritualidade são precisados e a luz do verão de 1949 fez de Chiara e de seus companheiros "uma só alma" em Deus.

A partir desse momento, é preferível deixar a cronologia para seguir sua vida e sua obra sob alguns grandes eixos interativos.

Difusão e organização do Movimento

Pelo ano 1948, instalada definitivamente em Roma, Chiara organiza pouco a pouco o Movimento, articulando-o e diversificando-o. É claro que seu "movimento" são as pessoas antes de serem obras.

Em 1953, ela funda os "focolarinos casados", que se consagram a Deus conforme seu estado de vida. No ano seguinte, é a vez de padres seculares e de religiosos aderirem ao Movimento.

Em 1956, quando as tropas da União Soviética invadem a Hungria, Chiara dá origem aos "voluntários de Deus", leigos, homens e mulheres, que se engajam para reconduzir Deus aos setores mais diversos da sociedade. Em 1967, ela funda o movimento *Gen* (Geração nova), o ramo dos jovens. Três anos mais tarde, funda para os adolescentes o movimento *Gen 3*, e em 1984, o das crianças, *Gen 4*. Funda também para os jovens seminaristas o movimento *Gen's,* em 1968. Em 1976, realizou-se o primeiro encontro internacional dos "bispos amigos do movimento dos Focolares" que, depois, aconteceu todos os anos; eles desejam aprofundar a espiritualidade da unidade e viver uma experiência de colegialidade "efetiva e afetiva".

Desde 1958, focolares foram abertos na Bélgica e na França e depois na Alemanha. Em 1959, algumas focolarinas e focolarinos partem para o Brasil. Em 1960, os Focolares começam a expandir-se nos países da Europa do Leste, então sob regime comunista. Os anos sessenta os veem implantar-se igualmente na África, na América do Norte, na Ásia e na Austrália.

Desde 1949, os focolarinos encontram-se a cada verão nas montanhas de Trento. Pessoas juntam-se a eles em número sempre maior, até formar um esboço de sociedade nova fundada sobre o Evangelho: a *Mariápolis* (cidade de Maria).

Chiara Lubich deseja que as Mariápolis temporárias possam tornar-se, em alguns lugares, permanentes. São as cidades-piloto. Atualmente, contam-se trinta e três em cinco continentes, em fases de desenvolvimento muito diversas. Elas se apresentam como pequenas aldeias ou cidades modernas que exercem uma certa irradiação já que acolhem muitos visitantes. São também lugares de formação para os membros do Movimento.

As relações com a Igreja católica

Quando os Focolares instalaram-se em Roma, o Santo Ofício estudou o dossiê Focolares. Para a fundadora, o temor era constante de ver o movimento dissolvido. Ainda mais, como ela desejaria que a única "regra" fosse o Evangelho, ela teve de redigir Estatutos, ajudada por peritos que tendem a descrever a regra por meio de cânones existentes, alterando sua fisionomia. Finalmente, a aprovação chegou no dia 23 de março de 1962, por João XXIII: A Obra de Maria nasceu. Todavia, nem tudo está ainda segundo o coração da fundadora. Quando Paulo VI foi eleito papa, ela teve a grande alegria de ouvi-lo afirmar-lhe: "Dize-me tudo o que queres, aqui tudo é possível" (CRI, 105). Ela pôde, então, redigir os Estatutos conforme sua intuição profunda. Em 1990, eles foram aprovados. Uma atualização foi aprovada por sua vez no dia 15 de março de 2007.

Os anos do pontificado de João Paulo II são os do reconhecimento pleno da personalidade da fundadora. Ela teve com o papa uma ligação profunda. No dia 30 de abril de 1995, em visita pastoral em Trento, ele dirá claramente: "Chiara nasceu aqui, ela vem de Trento. Chiara é do Tridentino! Poder-se-ia escrever um tratado: "Do concílio de Trento a Chiara de Trento". Seria interessante!".

Ela é convidada a participar de vários Sínodos dos bispos (1985, 1987, 1990). Ela ainda toma a palavra na praça de São Pedro diante do papa em 1998, quando do primeiro encontro internacional dos movimentos eclesiais. Assume aí o compromisso solene de favorecer a comunhão entre os movimentos. Ela se investirá com esta tarefa até sua morte.

Os diálogos

O diálogo ccumênico nasceu em 1961, quando Chiara encontra na Alemanha pastores luteranos. Ao longo dos anos, as relações com essa Igreja não cessarão de se aprofundar, e ela terá vários encontros decisivos com alguns de seus responsáveis mais importantes.

Desde 1966, relações profundas instauram-se com os Anglicanos. Em 1967, o Patriarca ecumênico ortodoxo Atenágoras I deseja conhecê-la. De 1967 a 1972, ela fará oito viagens a Instambul e terá vinte e três audiências com o Patriarca.

O sinal de partida do diálogo inter-religioso foi em Londres, em 1977, quando Chiara Lubich recebeu o Prêmio Templeton "para o progresso da religião". Os Focolares começam um diálogo com as outras religiões por toda parte onde estão no mundo. A fundadora foi chamada nos anos oitenta e noventa à Ásia para falar de sua experiência a budistas no Japão e na Tailândia. Em 1997, ela leva seu testemunho a três mil muçulmanos afro-americanos pertencentes à *Muslim American Society,* a convite de W. D. Mohammed, seu fundador. Na Índia, em 2001, ela apresenta sua experiência espiritual na Universidade Somaya de Bombaim.

Ela cria em 1991 o projeto *Economia de comunhão* no Brasil, adotado por algumas empresas, que introduz a partilha no pensamento econômico. Em 1996, ela lança *o movimento político para a Unidade,* que propõe a fraternidade como categoria política. Ela recebe doze doutorados *honoris causa* e numerosos prêmios internacionais.

Esse diálogo com os diferentes domínios do saber desemboca na fundação do Instituto Universitário "Sophia". Aprovado pela Congregação Romana para a Educação Católica, durante a vida de Chiara, ele nasce na cidade-piloto de Loppiano (Florença, Itália), e é inaugurado no dia 1º de dezembro de 2008. Ele prevê uma formação de dois anos sobre os "Fundamentos e perspectivas de uma cultura da unidade". Ele quer ser um laboratório de diálogo entre os saberes – hoje, muitas vezes fragmentados e em conflito – e se caracteriza pelo encontro entre vida e estudo.

Os últimos anos

A intensa atividade de Chiara nos anos oitenta e início dos anos 2000 interrompe-se no outono de 2004. Em sua alma, é como se a presença de Deus tivesse desaparecido, como se tudo o que tinha vivido e realizado em sua vida lhe parecesse vão, inexistente. Eli Folonari, sua secretária particular, testemunha: "Ela dizia: é como se o sol tivesse deitado no horizonte e tivesse desaparecido definitivamente. Suas notas fazem compreender que esta noite foi terrível".

Contudo, em certo momento, percebendo sem dúvida que Deus lhe pedia que se conformasse inteiramente com seu esposo, Jesus abandonado, ela confia: *Eu sofro por todos os pecados do mundo, por todos os pecadores* (NC, abril-maio 2008, 520-521, 25). E ela continua a amar, instante por instante, um irmão após outro.

No último mês de sua vida, ela está hospitalizada em Roma. Seu estado de saúde se agrava, é levada para casa. Na véspera de sua morte, algumas pessoas se juntam a sua cabeceira para um último adeus, para beijar-lhe a mão, dizer-lhe ainda obrigado. Ela falece no dia 14 de março de 2008, pouco depois das duas horas da madrugada.

Ela deixa uma imensa herança: milhares de discursos e de escritos, os Estatutos, uma universidade, em que será ensinado seu pensamento... mas, sobretudo, ela deixa milhares de pessoas animadas por sua espiritualidade.

"Chiara, tu não deves morrer jamais...", exclamou um judeu de Buenos Aires depois de tê-la encontrado em 1999. Um pouco mais tarde, ele se dirige em visita à cidade-piloto argentina de O'Higgins e, vendo os rostos radiantes das crianças e dos adultos, ele se tranquiliza e declara: "Chiara viverá. Eu a vi no sorriso, nos rostos de todos. Chiara não morrerá!"

ABREVIATURAS

Todas as obras em francês são publicadas pelas edições Nouvelle Cité. Salvo indicação diferente, autora dos livros citados é Chiara Lubich.

AFU   *Amor, família e unidade,* 1993.

AP   *Amar porque Deus é amor,* 1974.

CRI   *O Grito,* 2000.

DA   Marisa Cerini, *Deus amor no pensamento e na experiência de Chiara Lubich,* 1992.

ENT/1   *Carta aberta aos jovens, Conversações com os Gen 2,* tomo I, 1995.

EP   *Ser tua palavra,* 1967.

JE   *Jesus eucaristia,* 1981.

JNL   *Jornal-Fundações,* março 1964-dezembro 1965, 1972.

MDU   *Para um mundo unido,* 1997.

MTD   *Maria, transparência de Deus,* 2003.

NC	Revista *Nouvelle Cité*.
NU	Revista *Nuova Umanità* (somente em italiano, edições Città Nuova), que contém alguns discursos de Chiara Lubich e estudos sobre seu pensamento com citações inéditas. Se a autora do artigo é Chiara, indica-se o número da revista, o ano e a página. Se é um outro autor que cita Chiara, escrever-se-á Citado em NU indicando o número da revista, o ano e a página, sem especificar o autor.
PpA	*Por que me abandonaste? O segredo da unidade*, 1994.
PD	*A Palavra de Deus*, 2008.
PSp	*Pensamento e espiritualidade*, 2003.
SpC	*Uma espiritualidade de comunhão*, 2004.
UC	Revista *Unidade e carismas*.
VT	Coletivo, *Viagem trinitária*, 1996.
VV	*A Vida é uma viagem*, 1987.

PREFÁCIO

Chiara, se alguém te tivesse pedido durante tua vida para escrever este livro, que terias dito? Tu que jamais pensaste que podias ser uma guia na oração, sem dúvida terias te escondido, convidando-nos antes a fazer uma experiência comunitária, uma experiência de unidade em Jesus, para que a presença de Deus entre nós faça crescer a voz interior do Espírito Santo em cada um. Se alguém tivesse insistido, sem dúvida terias retomado a pedagogia que Deus exerceu a teu respeito, as descobertas de luz que te fez experimentar, mas não terias deixado de sublinhar, como parte integrante dessa pedagogia, a importância de ser para muitos, de declarar abertamente o desejo de amar a Deus e de segui-lo, em resumo, de ser Igreja para encontrar Deus em nossos corações. Tu terias insistido na mútua relação da vida e da reflexão, da luz e da prática desta luz.

Talvez terias também observado que para ti tudo nasceu de seu contrário: o fracasso no vestibular para entrada na universidade católica de Milão, e tua consternação de não poder saber se foi Deus que te permitiu ouvir uma voz interior que te dizia: "Eu é que serei teu mestre". Sem isso terias tido este mestre para ti e para nós?

A guerra, a morte e o ódio te permitiram abrir o Evangelho e nele encontrar palavras de vida e de amor. Os bombardeios te fizeram compreender o Ideal que não morre e te arrastaram para esta admirável troca entre o amor de Deus que se revela e nossa resposta, dom de Deus ela também, como num dinamismo sem fim. E tantos outros exemplos em tua vida!

Em resumo, onde o fracasso, o sofrimento foi abundante, a luz e a graça foram superabundantes. Por isso tu nos convenceste a todos, quaisquer que sejam nosso estado, nossa história pessoal, nosso afastamento ou nossa proximidade de Deus, mesmo que sejam deploráveis, de que estamos num estado privilegiado para encontrar Deus.

É um caminho bom para todos, quer sejamos cristãos, crentes ou não.

Se quiséssemos dizer numa palavra o "método" de oração que Deus te fez seguir, ele consistiu em entrar profundamente no mistério da relação de Jesus com seu Pai e em compreender que temos "a vida, o movimento e o ser" desta relação de amor. E que somos chamados de modo inaudito, mas misterioso, a fazer chegar a sua realização a relação entre o Pai e o Filho encarnado. Duas orações de Jesus a seu Pai estão no centro de tua espiritualidade: "Pai, que todos sejam um" (Jo 17,21), e "Meu Deus, meu Deus, por que me abandonaste?" (Mc 15,34; Mt 27,46). A essas duas orações, para que sejam ouvidas pelo Pai, tu consagraste tua vida. Elas representam todo o teu "Ideal", que é ao mesmo tempo Jesus Cristo em seu mistério completo da encarnação a Pentecostes e o homem transformado em Jesus, cujo ícone, a chefe de fila, a filha primogênita, é Maria.

Estejas a nosso lado durante estes quinze dias de oração; que aquele que foi teu mestre seja nosso mestre. Tu nos farás entrar na vida de Deus, a vida trinitária que somos chamados a viver na terra como no céu.

Primeiro dia

POR MIM

O apóstolo Paulo, falando de Jesus, escreve: "Ele me amou e se entregou por mim" (Gl 2,20). A exemplo do apóstolo, cada um de nós pode dizer **"por mim"**.

Jesus, se morreste por mim, **por mim,** como posso duvidar de tua misericórdia? [...]

Por mim. Eis a fórmula que desfaz a solidão de muitos sozinhos, diviniza o homem mais pobre e o mais desprezado que haja no mundo, enche até a borda o coração de cada um e o faz transbordar sobre quem não conhece a boa nova ou dela não se lembra.

Por mim. Por mim, Jesus, todos os teus sofrimentos? Por mim, teu grito? Não, tu não deixarás que se perca minha alma nem a de meus irmãos, tu pagaste um preço muito alto. Tu me introduziste na vida do céu como minha mãe o tinha feito para a vida terrestre. Tu não pensas senão em mim e em cada um de nós, sempre. Tu me dás a coragem de viver minha vida cristã, mais do que se o universo todo inteiro me impelisse.

Por mim. Sim, por mim. Então, Senhor, deixa-me dizer-te para os anos que me restam: "Por ti" (AP, 118).

Chiara escreve esse texto em seu diário no dia de seu 46° aniversário. A meio caminho de sua vida, vinte e três anos mais cedo, ela se tinha dado para sempre a Deus no celibato depois de ter orado algumas horas ao pé de um crucifixo.

Depois de vinte e três anos é o *único livro* no qual ela quis ler (PSp, 58), a *soma de todo o seu saber, o amor mais ardente* (CRI, 37). Contudo, olhando-o neste dia em que o Espírito faz ressoar nela a palavra de Paulo, "O Filho de Deus me amou e se entregou por mim", ela toma ainda mais consciência de seu amor infinito por ela, mesmo se fosse a única no mundo.

Esse condenado, morto pregado numa cruz, fala-lhe antes de uma história da qual é o ponto culminante, uma história secular em que Deus não se cansa jamais de oferecer seu amor aos homens, tirando o bem do mal, explorando nossos erros para fazer recair sobre nós a salvação, mudando mesmo de estratégia se nós lha fazemos mudar. Diante do crucificado, Chiara aprende que o pecado é duvidar de sua misericórdia, que o erro é de se crer sozinho, esquecido, desprezado ou desprezível, que o anacronismo é viver a vida cristã com lástima e sem assumir riscos.

Considerando bem, ela pode, ao contrário, viver a vida na alegria interiorizando as normas numa relação de amor. De fato, o Evangelho de João promete a vida eterna aos que escutam a Palavra e creem naquele que enviou Jesus (cf. 5,24). O Evangelho promete-a em particular aos que não se desviam do crucificado e o olham com fé (cf. 3,16).

Para Chiara, a *vida do céu,* eterna, na qual o Filho crucificado introduziu-a como sua mãe, introduziu-a na existência, é *poder* amar *com este pobre coração* e não "dever" amar (cf. DA, 58). Poder amar em reciprocidade o Cristo que se entregou por ela, pois ser cristão é viver uma história de amor com Alguém que nos ama. É poder responder a Deus com uma dignidade e uma liberdade imensas: *Deixa-me dizer-te, para os anos que me resta: Por ti.*

Esse texto convida-nos a entrar no dinamismo da vida da Trindade que consiste em amar e em ser amados e deixar que esse amor queime em nós as feridas que o não-amor recebido, ou dado, causou. Assim, a pequena fórmula, *por mim,* pode exercer seu poder transformador e dar-nos de novo nosso ser à imagem e semelhança de Deus.

Chiara não é somente uma orante ao pé do crucifixo, é também uma testemunha. Nosso texto é o eco de uma descoberta fundadora, vinte e três anos mais cedo, uma espécie de revelação à maneira de Paulo no caminho de Damasco. Se a revelação propriamente dita conclui-se com os Evangelhos e o Novo Testamento, o Espírito Santo não cessa de atualizar na história a boa-nova e escolhe testemunhas. Chiara é uma delas.

O episódio remonta sem dúvida aos primeiros meses de 1943. Um padre bate à porta da sala de aula em que ela ensina crianças da escola primária e pede-lhe que ofereça uma hora de seu dia para seu apostolado. "Por que uma hora só?, ela responde. Todo o dia". Impressionado com sua generosidade, o padre pede-lhe que se ajoelhe e, depois de a ter abençoado, se dirige a ela nestes termos: "Lembra-te de que Deus te ama imensamente".

Foi uma fulguração. Essas palavras de um padre ela as toma da boca de Deus. E eis a mensageira que anuncia, repete a todos, pais, amigos, companheiros: "Deus te ama imensamente, Deus nos ama imensamente". Ela continua: "Ele está sempre aí, em cada lugar e ele me explica. O que ele me explica? Que tudo é amor: o que sou e o que me acontece; o que somos e o que concerne a nós; eu sou sua filha e ele é Pai para mim; nada escapa a seu amor, nem mesmo os erros que cometo, porque ele os permite; ele cerca com seu amor os cristãos como eu, a Igreja, o mundo, o universo. Ele me sustenta e me abre os olhos para tudo e para todos; tantos frutos de seu amor" (DA, 21).

Eis o tesouro, a pedra angular, o núcleo central em torno do qual ela vai construir toda a sua vida: "A conversão chegou. A novidade, num clarão, iluminou meu espírito, eu sei quem é Deus. Deus é amor" (DA,21).

A resposta de Chiara de viver em coerência com esse conhecimento de quem é Deus a toma em seu ser mais profundo. Crer no amor torna-se sua identidade verdadeira, como o prova a decisão tomada com suas companheiras de escrever sobre seus túmulos, na eventualidade não improvável de que elas morreriam, não seus nomes mas só esta frase: "Nós cremos no amor" (1Jo 4,16). "E a partir desta fé – ela diz – que tudo começou e se desenvolveu" (PD, 90).

Eu sei quem é Deus: com que força, com que convicção, esta jovem de 23 anos o afirma!

"Eles me conhecerão todos do menor ao maior, eles serão ensinados por Deus", diz João (6,45), retomando o profeta Jeremias.

A "conversão", pois, de que se trata concerne à ideia de Deus, ela sai daquela que lhe foi transmitida no meio que era o seu e se deixa submergir pela lógica de Deus Amor. Filha de Abraão, ela também é chamada a deixar seu país, o país de suas certezas, para entrar num país em que correm o leite e o mel.

Em toda a sua vida, ela vai aprofundar esse conhecimento de Deus e a lógica do crucifixo vai saciar plenamente sua sede de compreender.

Senhor, que teu *"por mim"* transforme meu espírito, para *que cada pensamento* que nele se elabore seja conforme *o teu amor infinito, teu imenso amor* (cf. PSp, 99).

Segundo dia

SER UMA CRIATURA NOVA

Senhor, nós percebemos nossos numerosos defeitos. Contudo uma certeza enche-nos de alegria: ser tua palavra viva nos livra de toda escória, nos faz tornar-nos novos em cada instante, como a noz que sai de sua casca.

"Ser tua palavra" significa ser um outro, desempenhar o papel de Alguém outro que vive em nós, achar nossa liberdade na libertação de nós mesmos, de nossos defeitos, de nosso não-ser (PSp, 182).

Minha vida inteira não deve ser nada mais que uma relação de amor com meu esposo. Tudo o que se afasta dele é vaidade. Tudo o que não é Palavra vivida é vaidade. Eu não devo então me preocupar com mais nada senão de amá-lo. E que alegria saber que trago em mim todos [os que aderem a meu Ideal] e que, para lhes dar Luz a beber e do amor a comer, e para curá-los de todos os seus males [...], basta que minha alma seja curada de todos os seus males [...], sendo a Palavra viva que triunfa das trevas que vêm não se sabe de onde (citado em NU, 1998/6,120,679).

Q ue cada pensamento seja conforme teu imenso amor! Por essas palavras foi concluída nossa oração de ontem. Contudo, sejamos sinceros, estamos longe delas, nossos *numerosos defeitos* são evidentes. Todavia, longe de se inquietar com eles, Chiara encontra neles uma ocasião de se apropriar do dom inestimável da Palavra de Deus, lugar em que se exprime sua vontade, fonte de vida.

Deus, pois, seguiu a seu respeito uma pedagogia particular, fazendo-lhe descobrir a Vida quando a morte estava na ordem do dia. Esta vida, ela a encontrava no Evangelho que lia com suas companheiras nos abrigos antiaéreos. Elas escolhiam uma palavra com o sentido completo que ia ocupar todo o campo de seus pensamentos, de suas energias, de suas preocupações. Chiara a chama imediatamente de "Palavra de Vida", a palavra que faz viver, que ressuscita.

Bem antes do Concílio Vaticano II, e quando não era de bom-tom para os católicos ler a Escritura, ela toma as Palavras do Evangelho como uma presença de Jesus: *Como Jesus está presente tanto numa hóstia como num fragmento de hóstia, ele se acha em todo o Evangelho como numa só Palavra* (cf. NU 2008/3, 177, 285). Daí a importância que ela dá desde os anos quarenta à comunhão com a Palavra: ela é da mesma ordem que a comunhão com o corpo do Cristo, o que afirmará vinte anos mais tarde o Concílio Vaticano II (*Dei Verbum*, 21).

A Palavra de Deus é o percurso que Deus realizou para vir a nosso encontro doando-se a si mesmo e falando-nos por atos, gestos e palavras, dizendo-nos assim quem ele é e fazendo-nos por isso mesmo participar de sua natureza divina. Um percurso que culmina no Verbo, vindo entre nós e na "Palavra" por excelência que é sua morte-ressurreição, pois é aí, no mistério pascal, que o Verbo, Palavra do Pai, é inteiramente revelado, se torna inteligível, totalmente manifestado. É aí que se revela quem é Deus.

A Palavra de Deus é também o percurso que nós devemos, ou antes que nós "podemos", fazer na direção de Deus. Assim a Palavra é o lugar em que se encontram dois percursos e em que nós subscrevemos uma aliança, um pacto com Deus.

Selamos essa aliança "sendo" a Palavra, vivendo-a. Como? Saindo de nós mesmos, relativizando nossas certezas, nossos critérios, nossos pensamentos limitados e deixando todo o lugar à Palavra. Ela é por si mesma viva e eficaz, "mais penetrante que uma espada de dois gumes" (Hb 4,12), ela vai criar em nós o homem novo. É preciso, certamente, estar atentos para afastar tudo o que não é Palavra, converter-nos, lançar-nos num outro, para que ele viva em nós, nos libertando de nós mesmos.

Viver a Palavra significa, então, ser *um outro Jesus, desempenhar a função daquele que vive em nós:* em outros termos, viver assim é uma tradução da realidade paulina segundo a qual nós estamos mortos, sepultados com o Cristo, para levar, no seguimento daquele que é ressuscitado dos mortos, uma vida nova (cf. Rm 6,4). Viver a Palavra é viver Jesus, ser sepultados em sua morte – renunciamos a nossas certezas, a nossa maneira de ver – para viver com ele uma vida nova.

Há em cada palavra, constata Chiara por experiência, uma parte negativa, que nos pede essa renúncia, essa sorte de morte a nós mesmos e uma parte positiva que nos promete uma ressurreição. Cada vez que vivemos a Palavra nós morremos a nós mesmos, a nossas trevas, para ressuscitar no amor e na luz. Viver a Palavra é uma páscoa. À força de viver a Palavra, encontramos Deus, o amor, pois a Palavra vivida realiza o que ela diz, ela dá Deus que é amor: *a substância de cada Palavra é o amor* (cf. NU 2008/3, 177,285). Chiara explica com exatidão o que é *ter descoberto a caridade sob cada Palavra. Quando uma destas Palavras caía em nossa alma, parecia-nos que ela se transformava em chama de fogo, que ela se transformava em amor* (PD, 125). Jeremias tinha profetizado: a palavra nele é como um fogo devorador que ele se esgotava em conter, sem conseguir (cf. Jr 20,9).

Nossa vida se torna, então, Palavra de Deus; ela evangeliza e, quando comunicamos a outros o que ela nos fez viver, damos *luz para beber e amor para comer.* Se temos uma responsabilidade na Igreja para com outras pessoas e queremos dar-lhes alguma coisa de verdadeiramente substancial, é nossa vida transformada em palavra de Deus que é preciso dar. Então, não hesitaremos em partilhar nossas experiências da Palavra, muitas vezes feitas de coisas muito banais que tentamos viver à luz do Evangelho. Às vezes, falaremos de nossos fracassos, de nossos recomeços. Mesmo que isso possa parecer insignificante, é o que alimenta e que merece que nos coloquemos a viver a Palavra, para dar Deus aos que Deus nos deu, para dissipar as brumas que existem em todas as nossas vidas.

Durante a guerra, Chiara e suas companheiras diziam que se, por uma hipótese absurda, todos os Evangelhos do mundo fossem destruídos, seria preciso que se pudesse re-escrevê-los somente vendo-as viver. Muitas vezes, depois da guerra, ela relembrará aos seus a exigência de viver a palavra que nos evangeliza primeiramente a nós mesmos e que evangeliza a nosso redor!

Viver a Palavra é orar, já que ela nos insere no Filho, Palavra do Pai. Do mesmo modo, quando se ora verdadeiramente, "nós não oramos, mas somos orados", dizia Mestre Eckhart; assim também quando se vive a Palavra, nós *somos vividos* pela Palavra, é ela que nos vive, diz Chiara.

Ela nos faz ainda tomar consciência de que cada um de nós é uma palavra pronunciada por Deus desde toda a eternidade! Convicta disso, ela indicou pessoalmente a muitos dos que seguiram sua espiritualidade uma "palavra de vida", escolhida em função dos traços de Jesus que irradiam da vida desta pessoa. Durante toda a sua vida ela é luz para seus passos. Gravada no túmulo dos que já nos deixaram, esta palavra continua a evangelizar. Toda a nossa vida consiste, então, em realizar nosso ser profundo, em nos tornarmos esta palavra na Palavra, esta *ideia* que o Pai teve ao nos chamar à vida.

Terceiro dia

DILATAR NOSSO CORAÇÃO

Nosso coração tem necessidade de se dilatar nas dimensões do coração de Jesus. Que trabalho a fazer! Contudo, só isso é verdadeiramente necessário. Isso feito, tudo está feito.

Trata-se de amar, como Deus ama, quem quer que cruze nosso caminho. Então, já que estamos sujeitos ao tempo, amemos cada próximo um após outro, sem guardar no coração restos de afeição pelo irmão encontrado alguns minutos antes. De todo modo, é o mesmo Jesus que nós amamos em todos. Se resta um apego, isso quer dizer que amamos o irmão precedente por nós ou por ele, e não por Jesus. Esse é o problema. Nossa obra mais importante é manter a castidade de Deus, isto é manter em nosso coração o amor com que Jesus ama. Por conseguinte, se queremos ser puros, não é preciso que frustremos nosso coração e reprimamos o amor. É preciso que o dilatemos nas dimensões do coração de Jesus e que amemos todos os homens (PSp, 126).

"**E**a Palavra se fez carne" (cf. Jo 1,14). Já dissemos, a Palavra não pode ser confinada no domínio do intelecto ou do estetismo, ela não pode nos roçar de leve na superfície, mas deve se fazer carne, *dilatar* nossa carne, nosso coração, um pouco como um parto em que ela nos fará provar as dores e as alegrias. A palavra nos leva a amar pois o amor é *a quintessência do Evangelho, a síntese do Evangelho* (Inédito, 22 de fevereiro de 2004).

Contudo, poucas palavras são tão ambíguas como a palavra amor. Chiara vai ajudar-nos a aprofundar seu sentido, mas sobretudo nos ensinar *a arte de amar* pois o amor, como qualquer arte, necessita de um aprendizado.

A simpatia ou a antipatia que sentimos, tal defeito físico ou moral, o cálculo da vantagem que podemos tirar ou perder, nossa memória que armazenou impressões negativas ou positivas, podem ser tiranias que nos deixarão toda a nossa vida analfabetos do amor. Sem aprender a amar, corremos o risco de ser apenas estetas do amor, de amar os que estão longe esquecendo os que estão perto, de amar alguém ou alguma coisa "contra" algum outro ou alguma outra coisa.

Chiara determinou o sentido, poder-se-ia dizer, das letras deste alfabeto evangélico: *amar todo o mundo,* sem excluir ninguém, como Jesus mesmo deu sua vida por todos (Mt 20,28; Mc

10,45), *ser os primeiros a amar,* tomar a iniciativa do amor como ele que nos amou quando éramos ainda pecadores (Rm 5,8), *ir até a amar nossos inimigos* (Lc 6,35), os que nos fizeram mal ou que sentimos ameaçadores, *fazer-nos tudo para todos,* colocando-nos a serviço dos outros sem hesitar em arregaçar as mangas (cf. Mt 20,28; 1Cor 9,22).

Desejando guiar-nos no caminho do puro amor, Chiara encontra uma fórmula que visa alto mas diz tudo: *Amar como Deus ama.* Ora, Deus só é dom, amor; ele se esquece por amor, ele nunca tem retorno sobre si mesmo, ele não quer "possuir" nem a si mesmo, nem suas criaturas. Amar *como* Deus é também amar *por Ele,* por Jesus, para obedecer a sua palavra. Isso nos tornará livres em relação à resposta do outro, em relação ao temor de receber indiferença, incompreensão, ou até zombaria. Nosso amor é como uma linha reta que sabe de onde parte (nosso coração), mas que vai ao infinito:

> Sim, tudo, cada coisa, sempre, deve ser amada por Deus. E nós não devemos esperar nada em retorno. A linha reta não se dobra para voltar atrás, ela vai ao Infinito. Se o Infinito

nos dá em retorno, segundo a promessa do Evangelho, então e somente então, receberemos, mas da parte dele, qualquer que seja o intermediário que ele escolher (JNL, 20).

Esse amor que parte de nosso coração e vai ao infinito, que se dirige a Jesus no irmão, encontra sua força motriz no evangelho do juízo final em Mateus, que ressoou muito forte no coração de Chiara e de suas primeiras companheiras: "Tudo o que fizestes ao menor dos meus, foi a mim que o fizestes" (Mt 25,40). Isso basta para compreender que não sabemos *quem* nós amamos quando amamos, nem *quem* não amamos quando não amamos. *Amar Jesus no outro:* um outro ponto da arte de amar.

É significativo que, no início de seu movimento, Chiara tenha sido impelida a pôr-se a serviço dos pobres da cidade de Trento com suas companheiras. Depois, ao longo dos anos, ela compreendeu que Jesus estava presente em toda pessoa e que o amor devia dirigir-se a todos. Este "sacramento do irmão", expressão que remonta aos Padres da Igreja, indica que nós entramos em comunhão de modo misterioso com Jesus no irmão. Chiara nos ensina que não entramos em comunhão só pelo serviço dos pobres, a *diaconia,* mas também colocando-nos a serviço de cada pessoa.

Quando ela faz nascer em 1991 a economia de comunhão para que as empresas possam pôr seus benefícios a serviço dos pobres, ela está sempre nesta linha: pois a concepção do pobre que desenvolveu o carisma de Chiara vai à raiz de todas as pobrezas, que é a pobreza de relações. O que é preciso fazer sentir antes de tudo a quem eu desejo ajudar é o amor, um amor que vai levá-lo primeiramente a se enriquecer com uma relação nova, em que ele vai tomar consciência de sua dignidade. Eu mesmo, que socorro o pobre, me enriqueço com a relação com ele e, por isso, lhe sou devedor.

Já que meu próximo *é* Jesus, Chiara pode dizer de verdade: *Amemos cada próximo um após outro, sem guardar no coração restos de afeição pelo irmão encontrado antes.* Não guardar restos de afeição não significa anestesiar nosso coração, mas sermos totalmente doados ao irmão que está próximo de nós no instante presente, com um coração inteiro, fazer-nos tudo para ele, como Deus se fez tudo para nós. Não hesitar em lhe manifestar nossa ternura já que é Jesus que ama em nós, através de nosso coração. Não hesitar em lhe dizer: tu tens valor a meus olhos (cf. Is 43,4) através de um olhar, um gesto, a fazer de tal modo que o outro se sinta amado. Não reprimamos nosso coração. Muitas vezes o respeito humano nos impede, mas o amor por Jesus nos faz encontrar o equilíbrio.

Amando um irmão, exercendo-nos na paciência e em todas as qualidades do amor, ao mesmo tempo nós entramos em comunhão com toda a humanidade; emprestamos verdadeiramente nossa vida a Deus para que ele a faça refletir-se em alguma parte no mundo, lá onde há necessidade dela. É a comunhão dos santos.

É também um caminho de contemplação pois, continua o texto, *assim como uma só hóstia basta, entre milhares de hóstias sobre a terra, para nos nutrir de Deus, um só de nossos irmãos – aquele que a vontade de Deus coloca a nosso lado – basta para nos fazer entrar em comunhão com a humanidade, que é Jesus místico* (PSp, 126).

Dá-me, meu Deus, ser no mundo o sacramento tangível de teu amor, de teu ser que é Amor: ser teus braços, que estreitam e consomem em amor toda a solidão do mundo (PSp, 126).

Quarto dia

O PACTO DOS QUARENTA DIAS

Hoje [...] na unidade perfeita nós selamos o pacto seguinte: **o de estar sempre fora de nós mesmos,** isto é no Amor puro. Estar por conseguinte na Vida pois, não vivendo mais nós mesmas, vivemos o irmão e, quando estamos sós, nós vivemos Jesus em nós, com Jesus em nós. [...]

Também nós começamos uma corrida. Nós conhecemos o caminho para chegar ao Pai: **o irmão, Jesus, o Pai.**

Nós **prometemos pessoalmente a Jesus** que estaremos sempre no amor. Também ligados uns aos outros nesta resolução, formamos como que uma alavanca espiritual que levantará o mundo.[...] Nós quereríamos ligar-vos a nós [...] para ser a conversão viva para Deus, o Pai, o Amor Puro, o Amor Divino, Jesus, Maria, a Trindade, em suma nosso Ideal (Inédito, 24 de junho de 1950).

Numa manhã de junho de 1950, os primeiros focolarinos de Roma, rapazes e moças entre 20 e 30 anos, reúnem-se nos cais do Tibre para participar da missa do Padre João Batista Tomasi, encarregado de acompanhá-los, e então é a festa.

41

No caminho, Chiara conta um fato que a impressionou: ela leu em algum lugar que se avança no caminho de Deus em quarenta dias com a condição de nunca parar, mais depressa do que em quarenta anos, mesmo fechado num convento, se se cede de vez em quando às imperfeições e aos pecados veniais.

Unânimes, eles querem enfrentar o desafio e, diante de um ícone da Virgem, a Virgem do Divino Amor, um dos ícones que se encontra em Roma em todos os cantos de rua, eles prometem pessoalmente a Jesus viver sempre no amor, sem jamais parar. Na mesma tarde, Chiara escreverá a todos os Focolares da Itália para que se juntem a eles nesta *conversão viva para Deus*. É a carta cujos extratos acima vão guiar-nos na oração.

Quarenta: um número simbólico da conversão que Deus quer mandar fazer ao homem para libertá-lo de suas escravidões. São os quarenta anos do povo judeu no deserto para sair da escravidão em que o mantinham os Egípcios. São os quarenta dias de quaresma para os cristãos, que retomam os quarenta dias do Cristo no deserto, para sair da escravidão interior das dependências, dos ídolos que não cessamos de construir e reconstruir.

"Se alguém cede de vez em quando às imperfeições e aos pecados veniais", estava explicado. Depois de sete anos, Chiara, na escola do Evangelho, aprendeu que a perfeição consiste no amor que responde ao amor de Deus e que ser "perfeitos como o Pai celeste" (Mt 5,48), ser "Filhos do Altíssimo" (Lc 6,35), é ser bom para todos, mesmo os ingratos e os maus. A perfeição à qual somos convidados para ser como o Pai ela a exprime num resumo formidável: *estar sempre fora de nós mesmos,* pois está aí o *puro amor.*

Quer dizer que ela indica a perfeição na vida trinitária: o Filho, imagem do Deus invisível, está sem cessar fora de si mesmo, ele vive para o Pai e por ele (cf. Jo 6,57), ele faz tudo o que "vê fazer" o Pai (Jo 6,59). Ele está todo inteiro "voltado para o seio do Pai" (Jo 1,18) como para sua origem, para a fonte de sua vida. Ele está "no Pai" (Jo 14,10-11). Por sua vez, o cristão vive para e pelo Filho, não vive mais para si mesmo, mas para aquele que morreu e ressuscitou por ele (cf. 2Cor 5,15).

Chiara, filha no Filho, ensina-nos a ser "vivos", definição que Paulo dá dos cristãos (*ibid.*), a viver como Jesus, esforçando-nos de ser "apenas" relação, voltados para Jesus no irmão e para Jesus em nós. Este modo de vida é muito simplesmente o de Deus, que é unidade e diversidade, que não é senão relação de amor. Ela não hesita em dizer que nós devemos viver segundo o modo da Trindade. Viver, para o cristão, é "viver o irmão", "transferido" para seus irmãos. O caminho é feito de três etapas que são apenas uma: o irmão, Jesus, o Pai.

"Meu caminho para ir a Deus és tu, teu caminho para ir a Deus sou eu", cantam com realismo os africanos nos encontros dos Focolares. Eles afirmam assim uma profunda verdade: aquele que diz que ama a Deus e não ama seu irmão é um mentiroso (1Jo 4,20).

Sem cessar, durante quarenta dias. As quedas não faltarão certamente. Chiara convida-nos a fazer delas, em união com o Cristo na cruz, um trampolim, uma ocasião de nos deixar encontrar e amar pelo Cristo em seu dom total na cruz, ele que é o puro amor.

Essa resolução pessoal, vigorosa, de estar *sempre fora de nós mesmos* é igualmente tomada por um grupo de pessoas num pacto em que cada membro está ligado aos outros, aumentando assim dez vezes mais a força da resolução de cada um e permitindo se tornar juntos *uma alavanca espiritual que levantará o mundo*.

Vivendo "voltados para" o Pai, para Jesus, para o irmão, às vezes ser-nos-á necessário deixar a oração propriamente dita para viver o irmão, mas o Espírito Santo viverá em nós, como Chiara explica em outro lugar:

> Aquele que, ao longo de todo o dia, não hesitou em perder a Deus em si mesmo para se estabelecer em seu irmão [...], aquele que justamente deixou Deus em si para Deus presente ou para nascer em seu irmão [...], encontra a carícia do Espírito quando se recolhe em si mesmo ou melhor, quando se recolhe [...] em Deus que está nele. O Espírito com efeito, pelo fato de que é amor, é verdadeiramente Amor, pois Deus não falta nunca a sua palavra e doa àquele que doou: ele doa o amor àquele que amou (PSp, 73).

> Assim é a oração "em espírito e em verdade", a que o Espírito Santo pronuncia em nós, pois, ela prossegue em sua carta, em quarenta dias nós não sabemos o que acontecerá. Nós sabemos, contudo, que se elevará em coro um cântico do *Magnificat* cantado, não por nós, mas pelo Espírito Santo em nós, habituado doravante a viver em sua casa, em sua casa que é o nosso coração. [...] Depois nós pediremos ao Amor que nunca mais nos deixe... Ele está em sua casa em nossa alma, é preciso, então, que ele fique aí! (Inédito, 24 de junho de 1950).

Quinto dia

LÁ ONDE NINGUÉM PODIA PENETRAR

Eu te amo porque entraste em minha vida mais que o ar em meus pulmões, mais que o sangue em minhas veias. Tu entraste lá onde ninguém podia penetrar, quando ninguém podia me ajudar, cada vez que ninguém podia me consolar.

Cada dia eu te falei, cada instante eu te olhei, e em teu rosto, encontrei a resposta; em tuas palavras, a explicação, em teu amor, a solução.

Eu te amo porque tu viveste comigo durante anos, e eu, eu vivi de ti. Eu bebi em tua lei e eu não o sabia. De ti me alimentei, me fortifiquei, retomei forças. Contudo eu não o sabia como a criança que bebe o leite materno e não sabe chamar sua mãe com este nome tão doce (PSp, 188-189).

Estamos em 1960. Saindo da igreja romana dedicada a Maria dos Anjos onde ela assistiu à missa, Chiara escreve essa oração que acabara de sair de seu coração em ação de graça a Jesus eucaristia.

É seu *Magnificat* desse dia em que conta sua história de amor com Jesus. Mais tarde, ela explicitará, dizendo que toda a sua vida foi uma *negociação entre Jesus eucaristia e* ela (Inédito, 30 de dezembro de 1976). É ele, compreende ela, que foi *o motor* (JE, 105), ele que lhe confiou esse carisma de luz, que a guiou passo a passo, sobretudo nos momentos mais difíceis. Ela releu sua vida como tecida pelo amor de Jesus eucaristia para com ela.

Quando, na idade de 23 anos, ela confia a seu diretor espiritual seu desejo de se entregar a Deus para sempre, este se faz o advogado do diabo e lhe mostra o abismo de solidão em que ela vai se encontrar. Interiormente, a jovem se diz: "Enquanto houver um tabernáculo na terra eu não estarei só" e, convicta, encontra as palavras para convencer. Quando, para alimentar suas primeiras companheiras, ela lhes faz cada manhã uma meditação, ela se prepara longamente diante do Santo Sacramento, repetindo-lhe incansavelmente: "Tu és tudo, eu não sou nada". Daí jorram palavras que vão chamar dezenas de jovens e formar em alguns meses uma comunidade de 500 pessoas.

Quando, alguns anos mais tarde, a Igreja e o Santo Ofício estudam este movimento *tão novo, tão diferente das realidades religiosas da época* (CRI, 76), fazendo pesar sobre Chiara e seu movimento nascente a dúvida de uma dissolução, ela recorre à Eucaristia: *Nós não podemos ter audiência com teu vigário,* ela reza, *mas tu nos recebes em audiência cada dia.* E ela acrescenta: *No fundo o papa é apenas teu vigário, ordena e diz-lhe que nós somos suas filhas, que nossa Obra só quer servir à Igreja* (Ent/1, 99). Do mesmo modo, ela se perguntará anos mais tarde: *Foi a Eucaristia que fez nascer em mim o Ideal?* (Inédito, 30 de dezembro de 1976).

Neste quinto dia, ela nos convida a descansar um pouco, "Vinde à parte e descansai um pouco" (Mc 6,31), e a contemplar o que a Eucaristia fez e continua a fazer em nós. Aproveitemos esta audiência com o Todo-Poderoso. Ele nos indicará o caminho, nos dará a explicação de todos os nossos sofrimentos. Agradeçamo-lhe tudo. Saibamos, porém, que ele entra, que ele entrou lá onde ninguém jamais pôde entrar. *Jesus eucaristia, [...] nas igrejas do mundo inteiro, tu recolhes as confidências secretas, os problemas escondidos, os suspiros de milhões de homens e a alegria de conversões conhecidas só por ti, coração dos corações, coração da Igreja* (JE, 7). Que alegria saber que tu recolhes também os meus!

Depois de ter procurado durante quatro dias crer no amor, viver a Palavra, aprender a amar, Chiara convida-nos a contemplar aquele que nos ama como ele mesmo foi amado pelo Pai: "Tu os amaste como me amaste" (Jo 17,23) (cf. JE, 64). Ela nos convida a contemplar na Eucaristia a palavra de amor pronunciada que realiza o que diz; a aprender da Eucaristia a dilatar nosso coração como o do Cristo que deu sua vida pela multidão (cf.JE, 98); a ver a Eucaristia como a possibilidade de ser projetados fora de nós mesmos já que ela nos faz permanecer em Jesus: "Quem come minha carne e bebe meu sangue permanece em mim e eu nele" (Jo 6, 57) (cf. JE, 24-25).

Nestes quatro primeiros dias, o ritmo de oração no qual entramos inscreveu-se numa dinâmica de reciprocidade entre o dom recebido de Deus, um dom de revelação e a resposta que nos esforçamos em dar-lhe por nossa vida. Nossa resposta, nosso "sim" selou um pacto com "aquele que é fiel" (cf. 1Ts 5,24) e que desde sempre oferece sua aliança. Fazendo isso, passamos da morte para a vida, realizamos uma páscoa.

Hoje Chiara, filha da Igreja, situa-nos no coração da fé que ela recebeu e nos transmitiu. Ela nos mostra que com a Eucaristia de que nos alimentamos, esta reciprocidade é realizada, nós "somos" plenamente a Aliança nova e eterna, fiéis no Fiel, filhos no Filho, divinizados, nós vivemos plenamente a páscoa. A Eucaristia nos faz também Igreja pois ela faz de nós todos, e de cada um, um outro Jesus. Por ela nos tornamos realmente "um" nele e por ele, "um" no Pai, a Igreja.

Na República Democrática do Congo, na capital Kinshasa, uma criança de 9 anos volta de um encontro dos Focolares em que ela aprendeu a amar Jesus no outro. No dia seguinte de manhã ela se levanta quando ainda é noite, veste-se, sai da casa: dirige-se à única missa que se celebra em sua paróquia às 6 horas como em todas as paróquias do país. Lá encontra uma numerosa assistência em oração. No dia seguinte, mesmo cenário mas Rosam (é o nome da menina) desperta sua irmã caçula para que vá com ela e, no outro dia, também sua última irmã de cinco anos.

No sábado, ela desperta seus pais, pois, diz ela, este dia eles não trabalham. "Por que vais todas as manhãs à missa?", pergunta sua mãe, intrigada. "Mamãe, sem isso eu não posso amar."

Rosam compreendeu que amar o outro com o coração de Jesus é impossível sem a Eucaristia. Pequena demais para comungar, ela busca o amor na Eucaristia, ela aprende que o amor é "fazer-se um" com todos. Pela Eucaristia, o Cristo *se faz pão, para entrar em nós, ele se torna alimento para se fazer um com todos [...]. Nós devemos, então, nós também, fazer-nos um com todos [...] para que os outros se sintam alimentados com nosso amor, reconfortados, aliviados, compreendidos* (AFU, 76).

> Dá-me ser-te agradecida – ao menos um pouco – no tempo que me resta para este amor que derramaste em mim e que me forçou a dizer-te: "Eu te amo" (PSp, 189).

Sexto dia

EU GOSTARIA DE ENCONTRÁ-LA EM TI

Tendo entrado um dia numa igreja,
o coração cheio de confiança,
eu perguntei a Jesus:
"Por que escolheste ficar na Terra,
em todos os lugares,
na docíssima eucaristia,
e não inventaste,
tu que és Deus,
uma maneira de nos deixar também Maria,
nossa mãe para todos que estamos a caminho?"
No silêncio, Jesus parecia responder:
"Eu não a deixei, porque eu gostaria
de encontrá-la em ti.
Mesmo se vós não fôsseis imaculados,
meu amor vos tornaria virgens.
E tu, todos vós,
abrireis braços e um coração de mãe
à humanidade
que, como naquele tempo, tem sede de Deus
e de sua Mãe.
Compete a vós agora
mitigar as dores, curar as chagas,
enxugar as lágrimas.
Canta as ladainhas,
e procura refletir-te nelas" (PSp, 198).

Essa conversa familiar entre Jesus e Chiara, em dezembro de 1957, inscreve-se na história de amor com Jesus eucaristia de que acabamos de falar: a beleza inefável da *presença* eucarística faz-lhe tomar consciência de uma *ausência,* a de Maria, quase ilógica na lógica do amor de Deus.

Nesse ano de 1957, Chiara foi vítima de um grave acidente de carro e sofre muito fisicamente. A isso se ajuntam provações espirituais tão profundas que não consegue viver, diz ela, a não ser com os olhos fixos em Jesus crucificado e abandonado. Sua imploração pode ser compreendida num primeiro nível como a necessidade de uma presença materna.

A resposta que recebe interiormente está bem na linha de seu carisma: nós não estamos aqui em primeiro lugar para receber o amor mas para dá-lo, nós não o receberemos senão dando-o. Jesus inverte, então, os termos da pergunta e dá a Chiara esta maravilhosa pequena "fórmula": "Eu quero revê-la em ti", indicando-lhe seu destino de cristã, viver do próprio amor de Deus.

Vê-se, sua piedade mariana acentua o único verdadeiro meio de honrar Maria, que consiste em imitá-la como a criatura que viveu de modo sublime e exemplar o acolhimento do dom de Deus, como a filha amada do Pai, a discípula do Cristo. Toda a caminhada que fizemos até agora, ela a viveu num grau excelente: ela é "aquela que acreditou" (Lc 1,45) no amor. É a que aderiu à palavra do mensageiro de Deus para que se cumprisse nela (cf. Lc 1,38), e Chiara compreendeu-a como *inteiramente revestida da Palavra de Deus* (MTD, 26). Ela é a que ama, a *mulher de amor* (MTD, 41). Ela é um outro Jesus, imaculada, cheia de graça. Ela foi então a primeira a viver plenamente nossa caminhada, que se estrutura, foi dito, como uma reciprocidade entre o dom recebido de Deus e nossa resposta. Sua resposta fez frutificar o dom inteiramente.

Chiara tem uma ideia tão elevada de nossa vocação de cristãos que não duvida um instante que não possamos vivê-la também nós. Como Maria, podemos crer no amor de Deus que nos escolheu, crer que "tudo concorre para o bem dos que amam a Deus" (Rm 8,28), convencidos de que Deus é assaz grande para tirar o bem do mal. Como Chiara, podemos ser Palavra viva e ser mães daquele que diz: "Minha mãe e meus irmãos são os que escutam a palavra de Deus e a põem em prática" (Lc 8,21). Como Chiara, podemos ter para com nossos irmãos um coração de mãe e comportar-nos para com cada um *como se fôssemos sua mãe* (cf. VV, 111). Uma mãe perdoa tudo, tudo crê, tudo espera, suporta tudo (cf. 1Cor 13).

Podemos, porém, chegar até a crer nestas palavras que Chiara parece ouvir da boca de Jesus: *"Meu amor vos tornará virgens?"* O dom de Deus é tão grande? Ela o crê e descobre que recebemos de Deus a possibilidade de ser como Chiara, *imaculados* (cf. MTD, 32-33). Porque nossa resposta de fé ao amor infinito de Deus consiste menos no esforço de ser perfeitos do que no de deixar o Cristo, a Palavra, penetrar em todas as fibras de nosso ser.

Nós já o evocamos e voltaremos a isso: o Cristo na cruz é o puro Amor e podemos unir--nos a ele, mesmo em nossas quedas e nossas fraquezas, em nosso ser "maculado", se nos abstemos de ocultar nossas chagas e nossas feridas, abrindo-as ao contrário para que ele delas faça sua porta de entrada. Assim abrir-nos-emos a seu amor, ao qual ajuntamos o nosso em resposta ao seu e é este único amor que *nos tornará virgens.*

Chiara não quer que nos equivoquemos, tal é a grandeza de nossa vocação: "Ele nos escolheu para que sejamos santos e irrepreensíveis sob seu olhar no amor" (Ef 1,4). Ela mesma não se equivoca já que deseja que seu movimento, que se chamará Obra *de* Maria, seja – e os Estatutos confirmam este desejo – "tanto quanto possível, uma presença de Maria na terra, quase sua continuação" (Art. 2).

Maria não é "senão" resposta, o que ela faz é sempre uma resposta de reciprocidade a um dom de Deus. Nela, como em Cristo, tudo é um "sim" (cf. 2Cor 1,19-20). A perfeita discípula!

Uma ulterior possibilidade de imitar Maria nós a temos vivendo o mandamento que Jesus chama de "seu" e "novo": "Amai-vos uns aos outros como eu vos amei" (Jo 15,12). É nosso "sim", nosso "fiat" ao mandamento que Jesus mais aprecia. Com a particularidade de que não se pode cumpri-lo sozinho mas que é preciso, por definição, estar com muitos e portanto necessariamente estar de acordo. Quando Chiara e suas companheiras descobrem esse mandamento de Jesus, elas selam entre si um pacto de amor recíproco, declarando-se umas às outras que estão prontas para dar sua vida, cada uma pela outra.

Quando se vive esse mandamento, o Cristo inunda-nos com sua presença, ele se manifesta, cumpre sua promessa de estar no meio de nós: "Onde dois ou três se reúnem em meu nome (o que significa em seu amor), eu estou no meio deles" (Mt 18,20). Eis a possibilidade de "gerá-lo" segundo a expressão de Paulo VI (homilia, 25 de outubro de 1969), ou em outros termos, de permitir-lhe manifestar sua presença na Igreja e no mundo. Como Maria, mas juntos, unidos.

> Tínhamos descoberto que, todos unidos, éramos verdadeiramente chamados a ser como Maria; mas compreendíamos também que, para chegar a isso, devíamos viver a palavra de Deus. [...] Santificando-nos através da Palavra, podíamos gerar em nós Jesus, para nós e para os outros. Podíamos, então, de certa maneira, repetir para nós mesmas: "Jesus, o fruto de tuas entranhas, é bendito" (cf. Lc 1,42) (MTD, 36-37).

Sétimo dia

O RESSUSCITADO
VIVO ENTRE NÓS

Obrigada, Santa Teresa,
por tudo que fizeste por nós
no decurso de nossa história,
obrigada!
Mas o mais belo agradecimento
nós te diremos no Paraíso.
Continua a velar sobre todos nós,
sobre nosso "Castelo exterior"
que o Esposo suscitou na terra
em complemento de teu "Castelo interior"
para tornar a Igreja bela como tu a desejarias.

(Escrito no Livro de ouro do
Mosteiro da Encarnação
em Ávila, 2 de dezembro de 2002.)

Chiara sempre rendeu graças a Deus pelos carismas que o Espírito concedeu a sua Igreja, ela sempre considerou os santos como seus irmãos e suas irmãs mais velhos. Entre eles, Teresa de Ávila desempenhou em sua vida uma função particular. Em 1961, lendo uma de suas obras, ela constata com alegria que o caminho que o Espírito Santo a fez seguir produziu os mesmos efeitos que os da oração teresiana. É, então, um caminho de santidade.

Depois, descobrindo o "castelo" de Teresa e sabendo que na última morada chega-se à união transformadora, pois aí reside Sua Majestade, ela toma essa analogia para exprimir um traço fundamental de sua espiritualidade: o castelo onde podemos encontrar Deus não está só em nós mas *entre nós*, irmãos e irmãs unidos em nome de Jesus. A presença de Deus não está unicamente num "castelo íntimo" como em Teresa, mas também num *castelo exterior,* complementar do "castelo interior".

A "Majestade" de nosso *castelo exterior* é Jesus presente no meio de nós!

Para compreender essa presença, central em sua espiritualidade, é necessário voltar ao episódio fundador. Na idade de 19 anos, Chiara participa com a Ação católica de uma sessão em Loretto, na Itália central. Ela se dirige à igreja-
-fortaleza onde está abrigada uma pequena casa que se diz ser a casa de Nazaré transportada pelos anjos.

Algo de inesperado se produz então: ela percebe uma presença do divino tão forte, assim ela mesma testemunha, que fica literalmente "esmagada" e que suas lágrimas se põem a correr sem que possa retê-las. Durante toda a sua estada, está magnetizada por essas quatro paredes, sempre "esmagada" pelo divino. Mais tarde, ela verá nisso um sinal precursor da vida das pequenas comunidades que são os focolares. Contudo, como ela adverte que é a presença de Jesus que a atrai, pode-se ver aí igualmente uma espécie de revelação que lhe é feita da presença atuante do Ressuscitado entre os homens.

O Ressuscitado, misteriosamente presente e em ação no mundo, é o filho do carpinteiro de Nazaré, o profeta do Reino de Deus, o Cristo crucificado. A devoção à infância ou à vida escondida, a tal ou tal aspecto de sua vida pública, é sempre antes de tudo veneração do Cristo Ressuscitado que eterniza por sua ressurreição os traços de sua vida inteira. Também quando ela é perturbada imaginando Jesus criança na casa de Loretto, presente entre Maria e José, não é tanto a vida escondida de Nazaré que a impressiona, mas o fato de que ele esteja *no meio* de criaturas humanas. É a presença do Ressuscitado no mundo que ela percebe e que a perturba, pois a presença do divino comove, perturba quem a experimenta.

O ícone mais eloquente dessa presença é o episódio dos discípulos de Emaús que não reconhecem aquele que caminha a seu lado. Contudo sua inteligência abre-se ao sentido das Escrituras, à dinâmica da morte e da ressurreição, a estas palavras: "Era preciso que o Cristo sofresse...". Eles o reconhecem na fração do pão pois até então ele não tinha cessado de estar com eles e de inflamar seus corações. "Fica conosco, pois já é tarde" (cf. Lc 24,13-33).

Em Loretto, o Espírito depositou em Chiara uma semente que crescerá, um dom de fé: o Ressuscitado está presente no mundo entre os homens. É um autêntico carisma que a situa na linha reta da Igreja primitiva cujo *querigma*, o anúncio, consistia em proclamar que ele ressuscitou, está vivo, aquele que estava morto, "Deus o fez 'Senhor e Cristo' (o que significa ressuscitado), este Jesus que vós havíeis crucificado" (At 2,36).

Chiara, como se visse o invisível (cf. Hb 11,37), se esforçará toda a sua vida em exprimir e traduzir na vida a percepção de que Ele está vivo entre nós. A essa presença de Jesus no meio de nós tendem todas as outras presenças de Jesus na Igreja (na Palavra, na Eucaristia, no ministério ordenado, no irmão etc.) e é dele que elas têm sua origem. Quando ela descobre durante a guerra a passagem de Mateus (18,20): "Onde dois ou três estão unidos em meu nome eu estou no meio deles", ela lhe dá seu sentido pleno, não o reduzindo à liturgia ou à oração em comum. Seu último testamento será: *Eu vos deixo este Jesus. É este Jesus que deve voltar,* ela afirma (Inédito, 30 de outubro de 2002). Isto é, que nós devemos procurar sua Majestade no *castelo exterior* para chegar à união com Deus.

João Paulo II gostava de falar dos dois pulmões da Igreja, o Oriente e o Ocidente, sem os quais ela não pode viver plenamente. Retomemos a analogia aplicando-a a nossa vida cristã: ela deve respirar a plenos pulmões, devemos caminhar, dirá Chiara, com *duas pernas,* viver entre *duas chamas*, Jesus em nós e Jesus no meio de nós. Assim como percebo a presença de Deus dentro de mim, também devo aprender a me abrir e a procurá-

-la fora de mim. Como Deus é íntimo a mim mesmo, igualmente ele é íntimo a este "eu" que é o Corpo do Cristo, a Igreja, a humanidade. Chiara fala ainda de galerias, vendo o Corpo místico como uma rede de galerias que ficam na obscuridade enquanto Jesus não vive na relação de um com outro:

> A comunhão dos santos, o Corpo místico existem, mas como uma rede de galerias obscuras. Contudo, a possibilidade de iluminá-las existe também, já que em muitos vive a graça de Deus. Ora Jesus, em sua oração ao Pai, pedia mais ainda. Ele queria o céu na terra, a unidade de todos com Deus e entre as pessoas, a rede de galerias iluminada, Jesus presente não só em cada um, mas na relação de um com o outro (PSp, 147).

Jesus no meio de nós! Não é um sacramento como o Batismo ou a Eucaristia ou, em sentido mais amplo, o irmão, mas é "o" sacramento original, aquele do qual decorrem todos os outros. Viver para Jesus no meio de nós, é crer no Ressuscitado, exprimir nossa fé em que Jesus ressuscita num Corpo que é a Igreja.

O *castelo exterior* não está enterrado na terra como o tesouro do Evangelho, mas o vemos, nele acendemos a luz? Aquele que aí permanece é nossa única riqueza e por ele vale a pena vender tudo. Jesus é aquele que a humanidade espera.

Se estamos unidos, Jesus está no meio de nós. É isso que conta. Mais que todos os tesouros de nosso coração. Mais que pai e mãe, irmãos ou filhos.

Mais que a casa e o trabalho. Mais que a propriedade. Mais que todas as obras de arte de uma grande cidade como Roma. Mais que nossos negócios. Mais que a natureza que nos cerca com suas flores e seus prados, o mar e as estrelas. Mais que nossa alma.

É ele que, inspirando a seus santos suas verdades eternas, marcou cada época.

A hora presente também é sua hora. Não a hora de um santo mais que a sua, a hora de Jesus no meio de nós, Jesus vivo em nós, que edificamos, em unidade de amor, seu Corpo místico (PSp, 151).

Oitavo dia

VIVER POR DENTRO

Nós queremos nos converter, Senhor. Até agora, vivemos "por fora". Doravante queremos viver "por dentro", como Maria.

Pois viver "por dentro", ser projetado para o próximo ou para atividades – mesmo por amor por Deus – pode nos dispersar, nos fazer falar inutilmente e "dar aos cães o que é sagrado" (Mt 7,6), se esta atitude não for contrabalançada por uma força espiritual que nos atraia sem cessar ao mais profundo de nós mesmos.

Viver "por dentro", fazer crescer o interior, desprender-nos de tudo não para planar entre o céu e a terra, mas para estar "enraizados" no céu, estabelecidos no coração do Cristo, através do coração de Maria, numa morada trinitária, prelúdio da vida futura (PSp, 103).

Por esse texto que nos convida fortemente ao recolhimento pessoal, queremos continuar a meditar sobre Jesus no meio de nós e sobre a unidade.

O Cristo, antes de sofrer sua paixão, pediu ao Pai "que todos sejam um" (Jo 17,21). Essa oração dita "sacerdotal", Chiara a descobre nos abrigos com suas companheiras desde 1944. Ela vê a unidade como a suprema vontade de Jesus, a síntese de todos os seus desejos. Se Jesus orou assim a seu Pai, ela pensa, que podemos fazer de melhor que colaborar para que seja atendido? Ela e suas companheiras pressentem que nasceram *para* essa oração cuja profundidade penetram por uma graça do Espírito Santo, tendo a impressão de compreender essas palavras difíceis para a idade delas e para sua bagagem teológica. Elas a fazem "sua" e se torna o alvará do movimento nascente (cf. PSp, 53).

O Cristo já realizou a unidade de todos os homens: por sua morte ele "atraiu tudo a si" (cf. Jo 12,32), por sua ressurreição é o centro para o qual convergem a história e os homens, mas ele nos propõe carregar nossa pedra para sua obra, numa aliança em que nos quer ver protagonistas, criadores e redentores com ele.

Nossa parte consistirá antes de tudo em permanecer nele para que sua vontade se torne a nossa. Trata-se, então, de *viver por dentro*. Esta *força espiritual* que atrai nossa alma ao mais profundo é necessária e nós a obtemos por uma vida de oração que Chiara muitas vezes descreveu aos seus: a Eucaristia, a meditação e todas as orações comuns dos fiéis. Para permanecer em Jesus, para "orar sem cessar" (cf. Lc 18,1) no curso de nossas atividades, quaisquer que sejam, ela nos convida a amar. Está na lógica de seu carisma. Assim, diz ela, nós podemos ser um outro Jesus (cf. SpC, 97).

Ela nos convida também a dizer "por ti" antes de cada ação, a orar brevemente dizendo a Deus ou ao Filho encarnado: "Tu és minha única felicidade" (cf. Sl 15,2). Pois a cilada de uma espiritualidade em que se está sem cessar projetado fora de si mesmo para com os outros é perder a raiz que nos animou e confundir os dons de Deus, isto é a plenitude que experimentamos quando amamos e trabalhamos por ele, com Deus. É preciso que sejamos desprendidos de tudo, *enraizados no céu [...] numa morada trinitária,* mesmo no meio de nossas ocupações.

Viver por dentro, elevados na cruz por nossas próprias mãos...

Vivendo a vontade de Deus nos elevamos na cruz que é ao mesmo tempo cruz e alegria; pois não basta ter no coração sua vontade sobre a humanidade – que sabemos ser a unidade de todos os homens

– é preciso cumprir a que ele tem sobre cada um de nós neste momento preciso, mergulhar-nos no que Deus quer de nós, interromper ou renunciar a uma atividade de que gostaríamos para nós e não para Deus. Assim, dizemos a Deus que ele é maior que nossos projetos, mesmo os que edificamos por amor a ele; permanecemos nele.

A vontade de Deus é continuamente mutante e nessa mudança que é desapego nós possuímos só a Deus. Chiara nos diz que é preciso desejar esse desapego para que Deus possa resplandecer, *desejosos de renunciar à Obra que construímos para entregá-la a outros que a continuarão, prontos também para vê-la momentaneamente morrer, como o grão de trigo, para que ela refloresça e se multiplique* (Inédito, 8 de setembro de 1970).

É exatamente isso o *atrativo* de sua vida: *Elevar-se até a mais alta contemplação ficando no meio do mundo, homem entre os homens* (PSp, 231). É todo um equilíbrio a ser guardado entre oração e vida projetada para os outros:

> Se, por impaciência, negligenciamos a presença de Deus em nós, nossa vida – mesmo se

> aparece como caridade fraterna – é caridade frívola, volúvel, superficial e perigosa, pois ela não repousa sobre a rocha [e] [...] nos assemelhamos a piorras. Se, ao contrário, estamos fechados em nós mesmos, sem amor, estamos mortos (PSp, 179).

Desapegados de tudo, o Cristo vive em nós e é ele que faz a unidade. Então, não hesitaremos em ir ao irmão "que tem alguma coisa contra nós" antes de ir ao altar, pois Jesus ordenou: "Se quando levares tua oferta ao altar e aí te lembrares que teu irmão tem alguma coisa contra ti, deixa aí tua oferta..." (Mt 5,23). A iniciativa de reconciliação, como sublinha essa frase do Evangelho, não depende de minhas reclamações contra meu irmão mas do fato de que percebi que faltou a unidade. Querer a unidade implica que não se preocupe de onde possa vir o erro ou a falta.

Vivendo por dentro, teremos a coragem do pacto do amor mútuo (cf. sexto dia), de nos declarar um ao outro que estamos prontos a nos amar como Jesus nos amou. Teremos também a coragem de declarar-nos um pacto de misericórdia, pois a vida de unidade pode conhecer esfriamentos, e não é raro que a palha no olho de nosso irmão nos pareça uma trave e é geralmente recíproco. Para que Jesus possa continuar a viver em nós, Chiara nos convida a reconhecer humildemente nossa incapacidade, a nos pedir perdão e a nos declarar reciprocamente o desejo de nos ver novos como se jamais nos tivéssemos conhecido para que nossas relações sejam iluminadas pela presença do Cristo que estará então entre nós.

Vivendo assim, não ofereceremos *ao próximo senão a água viva que jorra do céu por dentro de nós, para servi-lo verdadeiramente e não escandalizá-lo por uma santidade de pacotilha* (PSp, 103). Bem enraizados nessa atitude, comunicaremos a nossos irmãos, guardando a prudência necessária, as maravilhas que Deus opera em nós.

> Viver por dentro [...] a fim de que o Cristo continue, através de nós também, sua obra de reunificação de um mundo disparatado que sofre, espera e quer esquecer, mundo angustiado, que faz pena ao nosso coração hoje, como as multidões outrora faziam pena a Jesus.
>
> Viver por dentro para arrastar o mundo, que vive "por fora", para os cumes misteriosos do espírito, onde nos elevamos, onde se encontram repouso e reconforto, onde se retoma fôlego para voltar à terra e continuar o combate até a morte (PSp, 103).

Nono dia

EM RELAÇÃO DE AMOR

Unidos a Maria, nós aprendíamos dela a descobrir o "belo" amor que é Deus por detrás da criação: ele nos fazia ver todas as coisas unidas por ele. Por exemplo, em torno de nós na natureza, tudo nos parecia como animado por um sol, tanto espiritual como físico: tudo vivia por amor. O rio ia lançar-se no mar por amor. A água evaporava por amor. A chuva caía por amor.

Tudo, na terra, estava em relação de amor com tudo: cada coisa com todas as outras. Nós tomávamos o fio vermelho que liga os seres entre eles.

Eu tinha a certeza de ter sido criada como um presente para os que me rodeavam e meus próximos tinham sido criados como um presente de Deus para mim. Como na Trindade o Pai é todo inteiro para o Filho e o Filho é todo inteiro para o Pai, assim cada um de nós é todo inteiro para os outros (MTD, 39).

Como em Deus tudo é relação de amor, Chiara pressente que no universo tudo está em relação de amor com tudo: na natureza e entre os seres humanos. Essa visão do mundo fora do comum, ela a recebe como um dom num período de grande contemplação do verão de 1949. A iluminação que ela nos dá hoje sobre o homem, vendo-o como uma relação de amor, pode ajudar-nos na ascese muito exigente da unidade.

Em nosso microcosmo, nossa família, nosso trabalho, nossa paróquia, os momentos de harmonia existem mas são raros. E, em certas situações de nossas vidas, parece-nos impossível chegar, com tal ou tal pessoa, a uma relação verdadeira. Ora, ver essa pessoa como um dom de Deus para mim pode ajudar-me a tentar esse passo. Em que consiste?

Chiara no-lo diz sem rodeios: *A unidade exige a morte de cada um para dar a vida ao Um* (Inédito, 1º de abril de 1948).

Morrer a si mesmo supõe primeiramente a humildade. Pouco importa o que somos, o que fazemos, como somos vistos ou considerados, se se trata de manifestar o Ressuscitado vivo no meio de nós! É preciso que nos esforcemos em ser um vazio de amor.

No início de minha caminhada na unidade uma de minhas companheiras tinha um serviço na lavanderia. Ora, a unidade com ela em Jesus me parecia longínqua, a incompatibilidade parecia total. Querendo crer o contrário e contra tudo que era possível, eu tinha me oferecido para ajudá-la. Ela tinha aceitado mas minhas ajudas eram provavelmente nulas, porque ela nunca estava contente, eu era desajeitada, dizia Chiara, eu não dobrava os lençóis como era preciso. No início eu tinha vontade de lhe retrucar: faça você mesma e de virar as costas, não tendo nenhuma obrigação para com ela. Contudo, parecia-me mais importante estar lá, não me aborrecer, amá-la, a quem eu irritava, e aceitar minha incapacidade! Eu devo dizer que daí nasceu uma relação em Deus, em Jesus, que, não obstante todas as vicissitudes da vida, a quarenta anos de distância e para além do Atlântico, ainda dura.

Pois a humildade traduz-se em serviço: *Quem quiser realizar a unidade deve ter um só direito: servir todos os homens porque é a Deus que serve neles* (PSp, 55). Estranho! Chiara não diz "um só dever" mas *um só direito*. Nossos direitos, é o que há de mais sagrado no mundo. Todavia é isso mesmo, se queremos a unidade, há uma reviravolta de situação! Qual é nosso direito? Servir!

Quando a unidade entre irmãos é realizada, Chiara afirma, e quando *ela eclode de novo e mais forte que as dificuldades, como o dia renasce da noite e o sorriso das lágrimas, muitas vezes eu te encontro, Senhor* (PSp, 150). A presença de Deus em nós aumenta graças à ascese de unidade com nossos irmãos, igualmente Deus vivo em nós convida-nos a crer na unidade e a querê-la. Produz-se uma reciprocidade de duas dimensões que Chiara descreve assim: *Uma nasce da outra, uma é raiz da outra, uma é para a outra a ramagem da árvore de nossa vida* (PSp, 105).

É como uma mútua imanência, chamada também *pericorese*. E o outro é reconhecido como um verdadeiro dom: nós o constatamos e nos perguntamos como pudemos ser tão cegos para não ver isso mais cedo. Ainda mais, nós nos damos conta de que somos nós mesmos um dom para o outro. A relação de unidade revela o outro a ele mesmo e nos revela a nós mesmos. Então, a relação se torna forte, como uma rocha inexpugnável e percebemos *o fio vermelho que liga os seres entre eles.*

Depois da morte de Chiara, os Focolares deviam proceder à eleição de uma nova presidente em julho de 2008. A situação era difícil, era preciso reunir uma assembleia como preveem os Estatutos, mas pela primeira vez faltava a presença esclarecedora e a palavra segura da fundadora. Seriam eles capazes de ser "um", isto é, de *amar além de toda medida, [de] perder [sua] própria opinião, [sua] própria vontade e [seus] próprios desejos* (PqA, 24)?

No momento do escrutínio, duas orientações de fundo se manifestaram; de um lado, o desejo de não inovar demais, de outro, a consciência de que uma era nova se abria e que uma mudança de pessoas era necessária. Não obstante três turnos de escrutínio essa polarização persistia. Era preciso começar uma série de negociações para chegar a um compromisso? Não, relata a nova presidente eleita, Maria Voce:

"Era pedido a nós que nos levantássemos até ser uma só alma entre todos os participantes da Assembleia; uma só alma que seria traduzida pela convergência dos votos sobre uma ou outra, pouco importava quem. [...] Nenhum outro método podia nos ajudar. Tratava-se para cada um dentre nós de fazer uma anistia completa, prontos a esquecer nossos defeitos pessoais, os defeitos dos outros e os erros que podiam ter sido cometidos até então na condução dos trabalhos. Devíamos estar preparados, por amor, para nos perder completamente um no outro, sem mais nenhuma ideia preconcebida, para escutar a fundo o que o Espírito Santo queria nos sugerir" (NC, 09/2008, 524, 22-23).

Nessa base, a eleição da nova presidente pôde ser concluída com toda a serenidade e na alegria.

Nós não saberemos jamais suficientemente a importância desse olhar sobre o outro, de crer que tudo está em relação de amor para que Jesus reviva no mundo.

> Eu vejo e descubro nos outros minha própria luz, a realidade verdadeira de meu ser, o que sou verdadeiramente eu mesmo – às vezes escondido ou, de vergonha, secretamente disfarçado. Re-encontrando, então, meu próprio ser, eu me reúno a mim ressuscitando a mim mesmo – Amor que é Vida – em meu irmão.
>
> Assim eu ressuscito Jesus nele, outro Cristo, outro homem-Deus, manifestação da

bondade do Pai neste mundo, olhar de Deus sobre a humanidade. Eu prolongo o Cristo em mim no irmão e formo uma célula viva e completa do Corpo místico do Cristo, célula viva, focolare de Deus, que possui o fogo e o comunica aos outros com a luz.

É Deus que de dois faz um, tornando-se terceiro entre eles, relação entre dois: Jesus no meio de nós (PSp, 237-238).

Décimo dia

EVANGELIZAR

É preciso ter a coragem de não procurar outros meios [...] para suscitar um pouco de cristianismo. [...] É necessário que façamos Deus renascer em nós, que o mantenhamos vivo, que ondas de vida transbordem sobre os outros e ressuscitem os mortos.

É preciso que o mantenhamos vivo entre nós amando-nos uns aos outros. E, para nos amar, nenhuma necessidade de fazer barulho: o amor quer dizer morte a nós mesmos – ora a morte é silêncio – e vida em Deus – ora Deus é o silêncio que fala (PSp, 238-239).

A oração de Jesus: "Que eles sejam um a fim de que o mundo creia que tu me enviaste" (Jo 17,21) indica-nos o caminho real da evangelização. Chiara está persuadida disso, como diz nesse texto de modo lapidar: fazer nascer e renascer Deus em nós (viver *por dentro*, diríamos) e amar-nos para mantê-lo vivo entre nós. E, acrescenta, é preciso ter a coragem de não contar senão com esse meio para suscitar um pouco de cristianismo.

Temos medo das estatísticas que ilustram a baixa da prática religiosa em nossos países descristianizados? *Não receeis coisa alguma,* ela escreve a religiosos, *receai somente apegar--vos a alguma coisa que não seja Jesus entre vós* (Inédito, 1º de abril de 1948).

A unidade bem compreendida, a que nasce da ascese que descrevemos, é uma verificação existencial da verdade do cristianismo. Jesus ligou o dom da alegria à vida em unidade (Jo 17,13), e nada exprime melhor a plena realização da pessoa que sua alegria. A vida de unidade é uma páscoa, uma vida numa dimensão nova. Na unidade em Jesus, o indivíduo e a comunidade estão em relação harmoniosa já que cada um dá, como dizemos, o melhor de si mesmo. Nenhuma dicotomia na vida da pessoa, entre vida religiosa e via fraterna: a própria vida de cada um é unificada.

Aqueles que vivem num focolare são a ilustração dessa afirmação. É legítimo perguntar-se o que "fazem", pois não têm longas orações, não se consagram aos pobres nem mesmo sempre ao apostolado. No tempo que lhes deixa seu trabalho profissional, pois a maior parte tem um, suas atividades são as mais variadas conforme os lugares em que se acham: preparar reuniões, falar em público, manter a casa e trabalhar na cozinha, ocupar-se com os doentes. De tal modo que alguns poderiam assemelhar-se a missionários, outros a professores, outros a atividades humanitárias etc.

Contudo, eles não são nada de tudo isso, sua atividade essencial consiste em viver entre *duas chamas,* Jesus neles e Jesus vivo no meio deles em seu amor recíproco. Sua vida é um *exercício incessante que os faz se unir a seus irmãos e sem deles se distinguir, numa vida que não se assemelha a nenhuma outra, a não ser, no tempo, à da santa Trindade* (PSp, 88).

É um trabalho de todos os dias, de cada instante, mas que, afirma Chiara, *sem que saibamos, vivifica muitas almas* (PqA, 23). Todos os que vivem assim para a unidade – e não se trata apenas dos que vivem num focolare, mas também de jovens, de leigos engajados, de padres, religiosos, religiosas – são peritos em relações humanas, pois se exercitam todos os dias na alegria e na dificuldade. Isso evangeliza, pois o coração do homem só espera isso, sendo seu grande problema o das relações e do justo relacionamento entre o indivíduo e a comunidade. Aqueles que, atraídos pelo testemunho dos focolarinos, restabelecem relações partidas ou consolidam as abaladas, começam uma vida nova da qual Deus não está ausente. Não é raro, então, que ele se deixe encontrar, que ele se torne irresistível.

O objetivo da unidade entre nós é "que o mundo creia": *Se todos os homens,* diz Chiara, *ou ao menos um pequeno grupo, se fizessem verdadeiros servidores de Deus em seus irmãos, bem depressa o mundo pertenceria ao Cristo* (PSp, 55). Ela não hesita em afirmar: *Todos serão um se nós formos um* (PqA. 24).

Um dia, vendo passar de bicicleta pequenas irmãs de Foucauld, parece-lhe que o próprio ser delas grita o Evangelho. Ela se pergunta: *Pode-se conhecer a Deus vendo-nos?* A resposta lhe vem logo:

> "Nisto todos vos reconhecerão como meus discípulos: pelo amor que tereis uns para com os outros" (Jo 13,35). Por conseguinte, ela deduz, o amor recíproco [é] nosso hábito. Morrer [a nós mesmos] na caridade recíproca [é] nosso apostolado característico (SpC, 91).

Ao mesmo tempo, ela recomenda ser desapegado da alegria da unidade. Deus é o Ideal, não seus dons que são gratuitos.

> Façamos desta unidade entre nós um trampolim para correr... lá onde ela não existe! Bem mais: já que Jesus preferiu para si mesmo a cruz ao Tabor, prefiramos nós também ficar com os que não estão na unidade, a fim de sofrer com eles e estar certos de que nosso amor é puro! (PqA, 27).

Ela sabe que Deus "quer que todos os homens sejam salvos e cheguem ao conhecimento da verdade" (1Tm 2,4). E o movimento que ela suscitou nasceu para isso e notadamente para os que estão longe de Deus como dizem os Estatutos de sua Obra: as pessoas que dela fazem parte devem "se prodigalizar em favor das pessoas cuja situação lembra o abandono doloroso do Cristo: os que estão decepcionados, desesperados, traídos, no erro, pecadores, órfãos, separados, isolados ou afligidos por um mal" (Art.9).

É ainda sobre Jesus no meio de nós que ela se baseia no diálogo ecumênico. De fato, entre cristãos que vivem uma vida cristã autêntica – a palavra, a vida de oração, o amor fraterno – o Cristo pode crescer e é ele que os fará um no amor, base indispensável para a plena comunhão. É o ecumenismo da vida.

No caso do diálogo inter-religioso, parte-se da amizade, da estima recíproca, da arte de amar que inclui a "Regra de ouro" (cf. Mt 7,12) comum a todas as religiões. Fazendo isso as "sementes do Verbo" já existentes nas religiões podem crescer e nós mesmos penetramos mais no mistério do Cristo. Assim concebido, o diálogo permite que Deus esteja presente no meio de nós, como disse João Paulo II a representantes de diferentes religiões da Índia, em Madras, no dia 5 de fevereiro de 1986.

Com esse mesmo objetivo, Chiara dedicou-se aos domínios da vida social e política, às disciplinas do saber, para levar-lhes a luz da unidade: a unidade e a fraternidade entre os homens, as nações, a unidade das culturas...

> Ó! A unidade, a unidade! Que divina beleza!
> Nenhuma palavra humana pode dizer o que ela é!..
> Ela é inefável como Deus!
> É sentida, é vista, dela se frui... mas ela é inefável!
> Todo o mundo é feliz com sua presença

e sofre com sua ausência.

Ela é paz, alegria, amor, ardor, clima de heroísmo e de suprema generosidade.

Ela é Jesus entre nós! (PqA, 18-19).

Décimo primeiro dia

SOFRER E RENASCER
PELA UNIDADE

Jesus, meu coração te espera
no limiar da vida
quando ao Paraíso eu chegar
a amar teu amor.
Oh! Quanto tenho sede deste instante,
meu Jesus,
em que viverei pela eternidade esta paz
que és tu.
Contudo, tu sabes bem que minha alma
se apazigua somente
quando neste mundo todos unidos
entrarem em teu coração.
Então, dá-me sofrer pela unidade,
a fim de que a humanidade
seja toda uma oração a teu coração.

(Inédito, em torno de 1957).

Maria é a "forma" segundo a qual nós devemos nos introduzir sem ruído.

Ao pé da cruz, ela pode ser, mais que outrem, um exemplo para nós, que nos esforçamos em trabalhar e sofrer pela unidade, porque ela viveu a Palavra: "O que falta às aflições do

Cristo, eu completo em minha carne a favor de seu corpo que é a Igreja" (Cl 1,24) (PSp, 415-416).

No primeiro texto, que só existe em tradição oral e cantada, Chiara confia a Jesus seu desejo ardente de sofrer pela unidade, a fim de que todos os homens possam entrar no coração de Deus e isso não obstante sua impaciência de ir juntar-se a ele no paraíso. No segundo, ela contempla seu modelo em Maria que trabalhou e sofreu pela unidade.

Que sabemos dos sofrimentos de Chiara pela unidade? Ela os guardou ordinariamente em seu coração, mas tentemos dizer algumas palavras sobre eles.

O movimento nascido de seu carisma falava de unidade e punha em evidência a Palavra de Deus numa época em que, na Itália, a unidade era a reivindicação principal dos comunistas e a Palavra de Deus era o apanágio dos protestantes. A Igreja perguntava-se com justiça se esses jovens estavam bem na linha da Tradição... Ainda mais, o grupo animado por essa jovem saía dos cânones tradicionais das associações de leigos, atraindo também padres, religiosos e religiosas... Nada de assombroso então que seu movimento suscite perplexidades e preocupações pastorais. Essas acentuaram-se nos anos cinquenta.

Chiara sempre tivera em grande estima a palavra de Jesus "Quem vos escuta a mim escuta" (Lc 10,16). Igualmente, estar sob observação da parte da Igreja institucional era para ela uma provação terrível. A expectativa e a insegurança pareciam uma desaprovação de seu Esposo. *Era verdadeiramente,* ela comenta, *o momento em que o grão de trigo, lançado na terra, devia morrer para se multiplicar. Morrer: era claro!* (CRI, 77).

Contudo, ao mesmo tempo, o olhar de amor e de obediência que ela pousava sobre a Igreja a fazia tomar consciência de que ela mesma e seu movimento tinham necessidade de uma tal purificação (CRI, 73). Sua fé na maternidade da Igreja crescia e a Igreja entrava em sua carne. Quando Pio XII, de quem ela esperava muito, pois ele parecia benevolente para com sua Obra, morre em 1958 sem que uma decisão concreta tivesse sido tomada, sua dor é imensa, mas ela não cessa de amar:

Sim, sim, toma, Jesus, este presente, une-
-o ao teu. [...] Pouco nos importa saber o que
acontecerá conosco, nós sabemos que estamos
na Igreja. Sempre acreditamos que ela é nossa
"mãe", nós a conhecemos como tal [...]. E, se
acrescentar nossa gota de sangue a teu cálice
tem algum valor, que esse sofrimento seja pela
Igreja, pela tua Igreja, pelo novo papa, aquele
em quem nós não veremos e não amaremos senão a ti (CRI, 95).

Quando o grão apodreceu, a espiga pôde viver. A Obra de Maria nasce graças a uma primeira aprovação em 1962.

Na hora da renovação conciliar, no momento em que os documentos do Concílio descrevem
a Igreja como "sinal e instrumento da unidade
do gênero humano" (*Lumen gentium,* 1), falam
de colegialidade, de presença do Cristo no meio
dos seus, a alegria que Chiara sente é indizível:
ela trabalha para aquilo que é a própria vocação
da Igreja.

Nós já dissemos: ter um olhar de amor sobre
o outro nos ensina o que é o amor autêntico, nos
desapega de nós mesmos e cedo ou tarde nos faz
compreender que presente nós também podemos

ser para o outro. Acontece o mesmo para Chiara. Ela compreende de modo mais profundo – pois ela já o conhecia – o plano de Deus para ela, sua função na Igreja; ela pode denominá-lo, traduzi--lo em conceito.

Lembra-se de Teresa de Lisieux, de sua busca atormentada de seu lugar na Igreja e de sua "alegria delirante" quando a descobre lendo o capítulo 12 da primeira carta aos Coríntios: "No coração da Igreja, minha mãe, eu serei o amor" (Ms B, 3v). Alguma coisa de análogo se produz para Chiara quando João Paulo II lhe faz descobrir no grande teólogo suíço, Hans Urs von Balthasar, o conceito dos perfis na Igreja e especialmente o perfil mariano.

De que se trata? Balthasar compreende a Igreja como a coexistência de diferentes princípios. Na Igreja de hoje, perpetuam-se os perfis de Pedro e dos apóstolos em seus sucessores, mas seria redutor identificar a Igreja com só esse princípio. Há outros que vão de João Batista a Maria, às irmãs de Betânia, em resumo, a toda a "constelação humana" em torno de Jesus.

Todavia, acrescenta o teólogo suíço, entre todos os princípios, ao lado do princípio petrino, um outro é fundamental: o princípio mariano que transparece em todos os carismas, na santidade subjetiva dos cristãos e permite à função particular de Maria no mistério da salvação perpetuar-se na Igreja. Ora a função de Maria é dar uma resposta de amor cujo emblema é seu duplo "fiat", o da encarnação e o ao pé da cruz.

O princípio mariano engloba, então, e anima todos os outros, pois ele representa o amor, a comunhão. Sem essa resposta de amor, diz ainda Balthasar, a Igreja não é mais ela mesma, perde sua alma e corre o risco de se tornar desumana. João Paulo II, por sua vez, dirá de sua alegria de ver emergir esse "perfil mariano" da Igreja no limiar do terceiro milênio e não hesitará em afirmar que ele "resume em si o conteúdo mais profundo da renovação conciliar" (audiência geral de 25 de novembro de 1998). Por sua vez, Bento XVI afirma que ele "é ainda mais original e fundamental" que o princípio petrino e que este deve ser considerado à luz do princípio mariano (homilia, 25 de março de 2006).

Esse conceito revela mais explicitamente a Chiara sua função pessoal e a de seu movimento, bem como a dos carismas na Igreja: eles devem viver para fazer resplandecer o perfil mariano, ser seu ícone, e trabalhar para que, na Igreja – e consequentemente, na humanidade – tudo esteja em comunhão, tudo seja amor.

O perfil mariano com seu aspecto característico será fecundo na Igreja e a tornará mais santa, mais dinâmica, mais bela, será uma Igreja mais familiar. Será uma Igreja amante, acolhedora, aberta para além de suas fronteiras: ao ecumenismo, ao diálogo inter-religioso ou com os não crentes. Uma Igreja que não cessa de se renovar, que se enriquece com novas vocações. Uma Igreja carismática, mariana, missionária, evangelizadora. E isso para a glória de Deus e de sua mãe (Inédito, 16 de junho de 2004).

Décimo segundo dia

A LEI DA VIDA

Tu te recordas, Jesus, que, quando, ainda adolescente, eu te pedia para poder penetrar em teus sofrimentos e procurava tuas chagas como acesso a teu coração, para aí descobrir o mistério de tua paixão, e eu te pedia: "Dá-me a paixão de tua Paixão?"

Como teu sofrimento era impenetrável! Como ele me parecia inacessível! Mas tu atendeste o desejo que tu mesmo tinhas suscitado em mim, assim como minha oração, e tu começaste a agir fazendo-me experimentar um pouco tuas penas. Compreendi logo que existia em teu coração uma chaga oculta, desconhecida, ainda não descoberta. Uma chaga totalmente espiritual diante da qual a chaga de teu lado me parecia muito pouca coisa. Era a chaga de teu abandono, o terrível traumatismo de tua alma. Depois, quase ao mesmo tempo, tu me fizeste penetrar em teu sofrimento, em teu infinito sofrimento! E, coisa inaudita, além da porta que não me falava a não ser de morte e de angústia infinita, encontrei o Amor e o sofrimento desapareceu. Encontrei a lei da Vida (cf. NU, 2004/3-4, 153-154,335).

Esse texto, que data provavelmente de 1950, comunica-nos uma conversa familiar entre Chiara e Jesus, como se folheassem juntos seu álbum de família. Ele lhe recorda a época em que, não obstante seu desejo ardente de compreender sua paixão, não chegava a "penetrar" nela. Igualmente, uma descoberta fortuita no início do ano de 1944. Nesse dia, um padre dirige-se a ela: – "Sabes em que momento de sua paixão Jesus sofreu mais?" – "Sem dúvida foi no jardim das oliveiras?" – "Não, responde o padre, eu penso que foi quando ele gritou: "Meu Deus, meu Deus, por que me abandonaste?" (cf. Mc 15,34; Mt 27,46).

Como alguém que procurava a água viva e a encontra, Chiara descobre o abandono de Jesus, a resposta a sua oração além de toda a expectativa. Apenas com a idade de 24 anos, a descoberta que vai mudar sua vida não é o fruto de um raciocínio nem de uma exegese, e contudo está profundamente enraizada na Escritura. Primeiramente, porque Marcos e Mateus mencionam esse grito de abandono e porque, para Marcos, se trata do auge da paixão.

Em segundo lugar, essa descoberta do crucificado abandonado da parte do Pai a liga diretamente a Paulo que não hesitou em dizer de Jesus Cristo que Deus o fez pecado (2Cor 5,21), que ele se tornou por nós maldição (Gl 3,13). Como para o apóstolo que nada quis senão o Cristo e o Cristo crucificado (1Cor 2,2), pregando um Messias crucificado "escândalo para os judeus, loucura para os pagãos" (1Cor 1,23), para Chiara não há "senão ele"; e ela exorta os seus a *não conhecer senão a ele, só a ele possuir, ver só a ele* (cf. PqA, 39.40.59.60).

A resposta de fé e de amor a essa descoberta a assemelha também a João. Recordar-se-á que o Jesus joanino opera "sinais", isto é, milagres em vista de suscitar a fé, mas que ele se esforça também por desligar o homem desses sinais materiais para elevá-lo ao plano da fé autêntica, a que faz entrar na vida eterna prometida a quem crê (cf. 3,15.16.36; 5,24.40; 6,40). Ora o sinal da fé autêntica é Jesus elevado da terra (Jo 3,14; 12,32), o crucificado, sinal paradoxal se é, um antissinal poder-se-ia dizer.

Aos que lhe pedem um sinal, Jesus dá antissinais, como é seu próprio testemunho sobre si mesmo em que afirma ser a vontade viva do Pai (6,38-40), o novo maná descido do céu sobre o qual o Pai pôs seu selo (6,27). Conforme o quarto evangelho, a adesão é autêntica quando vai além do sinal-milagre e quando, longe de se escandalizar com o antissinal (6,61), ou de "murmurar" (6,41) a seu respeito, o discípulo olha o Cristo crucificado (elevado da terra) e se alimenta dele, consumindo sua carne e seu sangue.

Ora, o abandono de Jesus pelo Pai é o antissinal por excelência, o escândalo dos escândalos. O abandono é uma dor infinita já que o Filho a sente da parte daquele com quem ele é "um". Só aquele que é Deus saberá de verdade o que é o sofrimento de ser abandonado por Deus. Esse abandono revela até onde vai sua loucura de amor, pois ele assumiu até nosso afastamento de Deus e isso para nos dar sua divindade:

> É esta dúvida atroz de não ser mais um com seu Pai que o fez gritar: "Meu Deus, meu Deus, por que me abandonaste?" [...] É aí, verdadeiramente aí, que se encontra a imensidade de seu Amor! Ele nos deu sua divindade (UC, 3/2006,7-8)

Movida pela fé e pelo amor, Chiara compreende também que ele se identificou com todos os sofrimentos que podem existir no mundo e que eles estarão sempre aquém do de Jesus; que ele está misteriosamente presente em todo sofrimento. Doravante, seu desejo de partilhar sua sorte, de conhecer tudo do Amado, pode ser satisfeito: ela poderá amar Jesus com um amor de "conhecimento" no sentido que este termo tem na Escritura, a saber um amor em que se conhece e se é conhecido, uma união vital, nupcial.

Para explicar como amá-lo, ela emprega sobretudo a palavra *abraço*. É preciso abraçá-lo, unir-se a ele, reconhecê-lo em tudo que tem o gosto amargo de sofrimento, em tudo que é repugnante. Não se trata, certamente, de amar o sofrimento, mas aquele que dele se revestiu e nele está misteriosamente presente.

Isso nos escandaliza, parece-nos contraditório, doentio? "É para vós uma causa de escândalo?" – pergunta Jesus a seus discípulos (Jo 6,61), que achavam "duro" demais que a carne de Jesus fosse uma verdadeira comida e seu sangue uma verdadeira bebida. E ele acrescenta, deixando entrever que esse escândalo desemboca na ressurreição: "E quando virdes o Filho do homem subir para onde estava antes?" (6,62).

Quando adere sem reserva a Jesus abandonado, Chiara entra na profundidade da "sabedoria e poder de Deus" (1Cor 1,24), no conhecimento de Deus e de seu enviado, Jesus Cristo, que João diz corresponder à "vida eterna" (Jo 17,3). Ela vai penetrar no abismo do amor de Deus, da gratuidade, de sua justiça inconcebível que nos torna justos, pois se abre para ela uma nova dimensão, um novo horizonte, inaudito.

Passando pela porta do sofrimento, ela encontra o amor, a *lei da vida*. Ela não explicitará jamais sistematicamente em que essa lei consiste. Sem dúvida, trata-se dessa misteriosa liga do sofrimento e do amor que, em Jesus abandonado, resplandecem e *nos parecem um todo, a ponto de que um não teria podido existir sem o outro* (cf. NU 2008/3, 177, 286). É a descoberta de que o *Ser é Amor* (VT 60) e que, *no Amor, o nada e o tudo coincidem* (VT 61).

Jesus, que nunca esteve separado do Pai, sentiu contudo seu afastamento porque o amor *é e não é ao mesmo tempo* (VT 61). Pelo abandono-morte-ressurreição de Jesus nos é revelado o dinamismo do amor trinitário entre o Pai e o Filho no Espírito. A *lei da vida* não seria precisamente a possibilidade de lhe aceder pelo *nada do abandono* para obter o *tudo* que é a ressurreição do Cristo? Não seria poder reviver Jesus que, abandonado pelo Pai, se reabandona a Ele: "Em tuas mãos, Pai, eu entrego meu espírito (Lc 23,46)?

> Aquele que penetra em tua infinita dor encontra, como por encanto, tudo transformado em amor. Eu encontrei o tesouro escondido, toda ciência, toda beleza, toda bondade, todo amor: encontrei a Vida. [...]
>
> Quem poderá me compreender? Jesus, tu me compreendes porque estou em ti e tu estás em mim. E todos os que, comigo, estão em ti.
>
> Dá-me amar-te como tu me amas (cf. NU, 2004/3-4, cit.).

Décimo terceiro dia

JESUS ABANDONADO,
O RESSUSCITADO

Nós o víamos também em cada um de nossos irmãos sofredores. Quando encontrávamos pessoas que se lhe assemelhavam, lhes falávamos de Jesus abandonado. E para os que, se vendo semelhantes a ele, aceitavam partilhar sua sorte, ele se tornava: para o mudo, a palavra; para quem não sabia, a resposta; para o cego, a luz; para o surdo, a voz; para quem estava cansado, o descanso; para quem estava desesperado, a esperança; para o faminto, a saciedade; para aquele que se embalava em ilusões, a realidade; para aquele que tinha sido traído, a fidelidade. [...] Aquele que estava abandonado percebia que era escolhido. Jesus abandonado era para o ansioso a paz, para os sem-abrigo a casa, para o banidos a volta ao país. Graças a ele as pessoas se transformavam e o absurdo do sofrimento adquiria um sentido (CRI, 52).

Abramos uma segunda porta para Jesus abandonado, e tentemos aprofundar o dom inaudito do amor de Deus que se derrama sobre os que amam a Jesus abandonado. Nós entraremos nesse texto colocando-o em paralelo com o diálogo de Jesus e Nicodemos relatado pelo quarto evangelho, que trata da serpente de bronze (cf. Jo 3,12-16).

Sob a ordem de Deus, Moisés tinha levantado numa haste uma serpente de bronze para curar os Hebreus picados por serpentes venenosas. O símbolo de mal e de morte torna-se remédio, símbolo de vida (cf. Nm 21,6ss). Pela serpente levantada, Deus revela seu amor: ele utiliza o mal e transforma-o em remédio, o sinal que causa a morte torna-se sinal de salvação. A elevação do Filho na cruz retoma o mesmo sentido. Nos dois casos, a salvação se obtém graças ao que é "levantado" para ser oferecido à vista.

Isso nos introduz na admirável troca entre o amor de Deus e a resposta do homem: a Deus, que nos dá seu Filho, nós damos nossa resposta de fé que, em extrema síntese, se exprime por um olhar de amor sobre o antissinal que vem transtornar nossas ideias sobre Deus, nossas seguranças sobre o mérito e o valor.

Então Deus nos ultrapassa em generosidade e a nós que lhe dissemos: "Tudo o que é teu é meu", ele dirá "tudo o que é meu é teu" (Jo

17,10). Ele nos dá tudo: *Em [Jesus abandonado] está todo o paraíso com a Trindade* (PSp, 142). Olhando-o, aquilo mesmo que nos oprimia transforma-se em seu contrário: é para o cego, a luz; para o desesperado, a esperança etc. A solução de um problema não é procurar ocultá-lo ou colocar nele um remédio exterior, mas olhando-o de frente, assumindo-o todo inteiro por amor de Jesus que com ele se identificou. A solução está no próprio problema.

Eu me lembro como se fosse ontem meu primeiro ato de amor por Jesus abandonado. Parecia-me impossível que Jesus tivesse se revestido do sofrimento, do não ser. Tudo em mim se rebelava. E contudo, Chiara afirmava-o de maneira insistente: *Tu me indicaste um caminho para te encontrar. Na cruz, em cada cruz, me dizias, eu estou aí. Abraça-me e me encontrarás* (PSp,95). Era preciso fazer um ato de fé, crer que Jesus tomou sobre si todos os nossos sofrimentos e ressuscitou, e um ato de amor por ele. Eu esqueci completamente a circunstância, mas não o movimento da alma que me fez dizer "sim, eu te quero, sou feliz por ser como tu". E com esse amor ardente, que fere, em que mais nada de mim existia, lançar-me a amar os outros, sem parar um segundo em autocomiseração.

É verdade, entra-se numa outra dimensão, dir-se-ia que nossa capacidade de amar se dilata, entra-se num conhecimento novo de Deus e de nós mesmos. O paradoxo é que, bem longe de entrar, como parece, no que se opõe a Deus, quem ama Jesus abandonado vai de revelação em revelação, de conhecimento em conhecimento, de luz em luz. Chiara pode exclamar: *Nós te escolhemos na cruz, no maior abandono, como o tudo de nossa vida e tu nos dás o paraíso na terra! Tu és Deus, Deus, Deus* (PqA, 27).

O amor, contudo, jamais é adquirido de uma vez por todas. Jesus se apresenta sob mil aspectos dolorosos, diferentes uns dos outros. É preciso reconhecê-lo e amá-lo por ele mesmo e não por interesse. É por isso que ela repetirá incansavelmente aos seus que o amor por ele deve ser verdadeiro e não se exprimir da boca para fora, nem com um coração dividido: é preciso desejá-lo, preferi-lo, procurá-lo, fazer-lhe festa, abraçá-lo, desejá-lo como o único tudo de nossa vida, consumir-se com ele até se tornar *dor com ele Dor* (cf. PSp, 144). Fortes por nosso abraço com ele, nos lançamos para amar seus irmãos ou para fazer o que Deus nos pede. Cada vez que esse sofrimento é um risco de afogar-nos, fazemos um outro ato de amor puro por ele e nos lançamos para um outro irmão sofredor para aliviá-lo.

É um dado de experiência, indiscutível: amar a Jesus em seu abandono, abraçar o sofrimento qualquer que seja, nele penetrar, *ser como ele, sê-lo no instante presente da vida* (PSp, 143), produz uma *divina alquimia* em que o sofrimento transforma-se em amor, a morte em ressurreição.

Nesse abraço nos tornamos o receptáculo do amor de Deus, o Espírito Santo ama em nós, nos tornamos *o Amor* (PSp, 144). Então todos se acham à vontade, a vida de unidade é facilitada.

Chiara explica que, quando surge uma dificuldade de relações, uma infidelidade, uma traição, e que ficamos consternados porque é uma parte de nós mesmos que nos trai, compreendemos que nos encontramos numa situação semelhante a sua. Nós nos esforçamos em experimentar esse sofrimento que nos assemelha a Jesus e o amor nos torna capazes de ver nesse irmão que nos traiu *um outro Jesus abandonado a ser con-*

solado, a ser amado. Então *o amor restabelece a unidade* (CRI, 57). Quem quer estar na primeira linha na unidade não pode eximir-se da opção de seguir Jesus em seu misterioso abandono.

Chiara testemunha, então, de modo implícito mas vigoroso, sua fé no mistério pascal, ela proclama que ele impregna toda a criação, que ele é a substância mais profunda da criação, que ele renova o universo. Ela proclama que a ressurreição já está em ação por detrás de cada sofrimento, que a nova criação está em gestação.

Ela repete na vida e pela vida: "Nós anunciamos tua morte, Senhor Jesus", tua morte em obediência ao Pai que nos salva de todas as nossas mortes. Nós queremos ser o anúncio vivo dessa boa notícia, a maior notícia de todos os tempos. "Nós proclamamos tua ressurreição", "a maior mudança, o salto absolutamente mais decisivo para uma dimensão totalmente nova" (Bento XVI, homilia na vigília pascal, 15 de abril de 2006), a "fissão nuclear levada ao mais íntimo do ser [...] [que] suscita a cadeia das transformações que pouco a pouco mudarão o mundo" (Id. homilia de 21 de agosto de 2005, 20ª Jornada Mundial da Juventude, Colônia):

nós a proclamamos porque, sem termos sido suas testemunhas oculares, nós a verificamos em nossas vidas.

Tu, que és luz e alegria, vida e ressurreição, verdade e beleza, dá-me ver-te e ouvir-te sem véu de cruz sob o véu da cruz; pois eu sei que a cruz traz um Deus. Eu sei que não há vazio tão profundo que não possas preencher. Eu sei que universal e superabundante é tua redenção (PSp, 142).

Décimo quarto dia

EIS ME AQUI

Cada manhã [nós orávamos] assim: "Porque tu estás abandonado..." Que significavam essas palavras? Eu quero viver porque tu foste abandonado; por causa disso eu quero ter um só objetivo em minha vida: a ti; quero consagrar-me a amar-te na dor, nos irmãos cujos sofrimentos me recordam teu rosto. [...] Contudo, o primeiro sentido não era este. [...] [Era]: "Porque tu foste abandonado e que por teu abandono tu nos salvaste é que eu estou morta eu também e ressuscitei em ti, eis me aqui Jesus, toda renovada, como tu me queres hoje. E em cada instante deste dia, quero ser a resposta a teu 'por que', um fruto de teu abandono. Não importa que fruto, mas um fruto digno de ti: belo, pleno, saboroso, dourado. Não me basta ter recebido a fé, a Vida, pelo batismo que me ofereceste por tua Cruz e teu abandono: Eis me aqui Jesus!" O que queríamos dizer, declarar, era: "Porque tu estás abandonado, eis me aqui" (VV, 87-88).

*D*á-me amar-te como me amas: essas palavras já citadas sintetizam toda a vida de Chiara, e o texto de hoje quer ser dela uma ilustração entre outras possíveis.

106

Querendo exprimir que seu único bem era Jesus em seu abandono, as primeiras focolarinas haviam guardado em seu pequeno apartamento apenas colchões para dormir e um grande quadro na parece que representava a face tumeficada, dolorosa, suplicante de Jesus na cruz. Desde o despertar, elas oravam assim: "Porque tu estás abandonado", dito de outro modo *Eu quero ter só um objetivo na vida,* amar-te como tu me amas, amar-te na dor.

Esse amor concretiza-se numa opção essencial, extremamente radical, de não ter senão a ele, de consagrar-lhe toda a vida. Uma consagração no espaço pois *O que me faz mal é meu* e no tempo: *Assim, para os anos que me restam: sedenta de sofrimentos, de angústias, de desespero, de tristeza, de desenraizamentos, de exílios, de abandonos, de dilacerações* (PSp, 142).

Contudo, Chiara ouviu também o grito que Jesus dirige ao Pai na cruz: "Meu Deus, meu Deus, por que me abandonaste?", ele pergunta. Por que razão? Ela conhece a resposta: *Para que experimentássemos a união, tu experimentaste a separação do Pai. [...] Para que nos revestíssemos de inocência, tu te fizeste "pecado". Para que Deus venha a nós, tu o experimentaste longe de ti* (PSp, 142).

À pergunta de sentido do homem-Deus, o homem divinizado dá uma resposta viva: Tu foste abandonado para nos dar tua divindade, nós queremos viver "divinizados". Minha vida será a de um "vivo" (cf. 2Cor 5,5) que se levanta depois de cada dor, que ressuscita contigo no amor. Tu foste abandonado para que sejamos reunidos a Deus, nós o somos por nossa união contigo no sofrimento, contigo que és Deus.

Nós te daremos nossa "resposta viva" dizendo-te que, não, teu sofrimento não foi em vão, "a graça de Deus em mim não foi em vão" (1Cor 15,10). Por teu abandono, tu nos reconciliaste: eu me deixarei então reconciliar como Paulo pede, ou antes nos suplica que façamos (cf. 2Cor 5,20; cf. Rm 5,6-11). Por teu abandono tu derrubaste o muro de separação (cf. Ef 2,14), nós viveremos na unidade entre irmãos, quando mesmo que isso devesse custar-nos sangue e lágrimas. O abandono de Jesus não é mais abandono, ele toma sentido se vivemos como salvos, se somos seu fruto saboroso.

Nessa perspectiva, Chiara pode dizer que nós podemos consolá-lo (cf. PqA, 56), reconfortá-lo. "Eis me aqui", recolhendo cada gota de teu amor sem deixar perder nenhuma.

Consideremos nosso apelo: Deus quer que o homem leve a seu cumprimento sua obra criadora e redentora, que ele seja seu parceiro de aliança. Deus quer que o sucesso de sua obra dependa do homem pois, sem a resposta deste, ela parece desprovida de sentido. Chiara tem o ardor impetuoso da esposa que quer colaborar na obra do Esposo, para que ele tenha *a alegria de ver que sua angústia não foi estéril* (CRI, 124). Como Eva, ela também foi tirada do esposo, pois tudo o que ela é e tudo o que tem vem dele e ela pode-se lhe apresentar como "uma auxiliar que lhe é associada" (Gn 2,18).

Ela não se contentará com amá-lo e de fazê-lo amar pelos seus, ela deseja fazê-lo amado por todos: *Tu sabes que meu Amor me chamou a uma grande missão. Eu devo, eu quero fazê-lo amado pelo mundo inteiro porque ele foi abandonado por mim!* (PqA, 82). Ela está certa de que nenhum coração poderá resistir a um tal amor e que se formará na terra um *paraíso para o Amor abandonado!* (DA, 107). Daí decorre também uma norma moral à maneira de Agostinho:

Jura-lhe que tu não o abandonarás jamais, escreve ela a uma de suas companheiras, a fim de que ele possa encontrar na terra, em teu coração, esse Paraíso que ele perdeu quando lhe pareceu que seu Pai desviava dele o olhar. Depois, faze **o que queres**, porque tudo será grande aos olhos de Deus e do mundo (UC, 3/2006,8).

Porque todas as virtudes estão incluídas nessa resposta de amor por Jesus abandonado.

Jesus abandonado não só nos salvou cada um individualmente, mas também deu ao Pai uma nova criação: "Eis que eu faço novas todas as coisas" (Ap 21,5). A terra não é o que parece, Deus a vê através do abandono obediente de Jesus, ele aí vê a resposta de amor de Jesus. A chaga do abandono, dirá Chiara, *é a pupila do olho de Deus sobre o mundo* (CRI, 149). Nossa resposta será reconhecer Jesus abandonado em todos os acontecimentos dolorosos do mundo, decifrar a realidade e olhá-la como Deus a vê, isto é através do amor obediente de Jesus até o abandono, para vê-la de frente por amor por ele, nem que fosse pela oração e pelo olhar, e transformá-los. *Não há mais vazio na Terra nem no Céu: há Deus* (citado em NU, 1997/5, 113,569).

Façamos nosso o cântico da esposa em resposta ao amor do Esposo.

Em tenho um só esposo na Terra: Jesus abandonado. Não tenho outro Deus senão a ele. [...] O que é **dele** é meu e nada mais. E **dele** é o sofrimento universal, que é então meu. Irei pelo mundo procurando-o em cada instante de minha vida. O que me faz mal é **meu.** A mim o sofrimento que me toca nesse instante. A mim o sofrimento dos que encontro: é este Jesus que é meu. A mim tudo o que não é paz, alegria, o que não é belo, amável, sereno... numa palavra, tudo o que não é paraíso. Porque eu também tenho meu paraíso, mas ele está no coração de meu esposo. Eu não conheço outro (PSp, 142-143).

Décimo quinto dia

CONTIGO NOS TORNAMOS UMA OUTRA MARIA

É no encontro contigo, [Jesus abandonado], que nos tornamos uma outra Maria (Inédito, em torno de 1954).

Por essa frase, tirada de uma canção composta quase certamente por Chiara e que, de todo modo, ela retoma por sua conta e cita várias vezes até nos anos 2000, queremos encerrar nossas duas semanas de oração.

Voltemos ao mistério de morte e ressurreição, de abandono e de unidade, que a espiritualidade de Chiara nos faz reviver, porque resta uma questão aberta. Dissemos que abraçar Jesus abandonado produzia uma ressurreição, mas é sempre assim? Ela mesma, esposa de Jesus abandonado, não foi às vezes submergida pelo sofrimento? Ela o foi e até se queixou às vezes diante de seu Deus:

Nós estamos cansados, Senhor, esmagados sob o peso da cruz! [...] Os soluços nos pegam, lágrimas amargas. [...] Apressa a hora da chegada, porque aqui não há mais descanso nem alegria. Só há desolação (PSp, 141).

Aliás, apesar de que se aceitaria superar um sofrimento que não toca senão a nós, de se reanimar após um luto ou um traumatismo pessoal, o que se passa com o sofrimento dos que nos são caros, o dos inocentes? Círculos viciosos em que a violência gera violência, o ódio gera ódio? Sofrimentos inelutáveis de tantos homens e mulheres determinados pelas estruturas de pecado?

Esses sofrimentos que não desaparecem contradizem o que dissemos até agora da *divina alquimia*? Amar Jesus em seu abandono, seria um ópio do povo? Amando-o nós fomos introduzidos numa vida de fé que faz de nós "vivos", autênticos "crentes", salvos, justificados (cf. 2Ts 2,13; Rm 3,22.28.30), experimentando já a vida eterna (Jo 3,16). Hoje, por esse simples texto, aprendemos que abraçar Jesus abandonado nos faz entrar na esperança.

É no encontro contigo, Jesus abandonado, que nos tornamos uma outra Maria.

Onde não há mais nada de nós, a não ser a fé pura no amor de Deus que pode dar de novo a vida ao que está morto, Maria, *aquela que acreditou,* está presente. Onde não há nada mais de nós a não ser a Palavra viva – e Jesus abandonado é a *Palavra que recapitula todo o Evangelho* (cf. NU 2008/3 177, 286) – Maria revestida da Palavra está presente. Onde não somos senão amor para com nossos irmãos, Maria, a mãe de todos, está presente. Onde a Eucaristia produz todos os seus efeitos e nos transforma em Cristo, Maria está presente. Onde se procura a unidade plena em Jesus Cristo, Maria, que deu Cristo ao mundo, está presente. Onde as diversidades não são mortificadas, mas valorizadas e elevadas na unidade, Maria está presente.

Não, os sofrimentos não desaparecem sempre ou não imediatamente, mas quando nos unimos ao Cristo em seu mistério pascal Maria revive em nós. E se o amor de Deus, a transparência de Deus, caminhasse na terra numa outra Maria, talvez o mal não seria mais inevitável, talvez um círculo virtuoso não substituiria o círculo vicioso?

Jesus já está ressuscitado, mas ao mesmo tempo não está ainda em nós, na humanidade. Se o abraçamos em seu abandono e em sua morte, Maria não só nos acompanha, mas revive em nós. E com ela, nela, nós que somos um povo de sacerdotes, Igreja, cumprimos de verdade a terceira parte da aclamação que segue à transformação do pão e do vinho em Cristo: "Esperamos tua vinda na glória".

Esperamos tua vinda com certeza, porque percebemos os sinais do "já" em nós e ao nosso redor nessa presença de Maria, *explicação de Deus* (PSp, 192-193). Nós a esperamos porque, em nosso abraço com Jesus abandonado, percebemos que a eternidade entra no tempo e que Maria, ícone da Igreja, "estrela da esperança" (Bento XVI, *Spe salvi*, 49-50), revive na terra.

Eis por que Chiara lançou seus discípulos, os que vivem em comunidade, mas também todos nós os outros engajados em seu movimento, a abraçar todos os sofrimentos, a *secar as lágrimas dos que estão nas tribulações perto deles e a aliviar os que estão longe também, pela comunhão com [seu] esposo todo-poderoso* (PSp, 143). Eis por que ela sempre esteve em primeira linha – a pôr a mão na massa para a edificação de uma nova criação, de uma nova terra, a "se molhar" nos problemas da sociedade e da humanidade e a correr riscos por amor como Jesus abandonado.

Seu movimento estendeu-se aos problemas das famílias, investiu-se nos da sociedade, da política. É por Jesus abandonado que, nos anos sessenta, ela se voltou para os países do Leste aonde envia focolarinos. Fazer da terra um céu: Jesus abandonado já o fez, mas cabe a nós "revelá-lo", impregnando tudo de amor, sendo o amor.

Sabendo quanto é fácil apegar-se às obras de Deus mais que a Deus só, deixar prevalecer a organização sobre o "Um" que não nasce a não ser da morte de cada um, Chiara muitas vezes preveniu os seus de estar atentos a que as obras sociais sejam promovidas por pessoas que procurem ser um outro Jesus, uma outra Maria.

"A obra de Deus é que creiais naquele que ele enviou", disse Jesus (Jo 6,29), que estejais unidos àquele que morreu para trazer sua ressurreição ao mundo. Em suma, *é preciso ser como ele, ser ele no instante presente da vida* (PSp, 143). Sim, no instante presente em que Maria nos ensinou a viver, *neste instante presente tão precioso em que, como mãe e educadora, tu ensinas todos a viver, pequenos e grandes* (MTD, 21).

Nós estamos no tempo da Igreja, de Maria, da esperança que não decepciona (Rm 5,5). Se ela não decepciona, diz Paulo, é por causa do amor de Deus derramado em nossos corações: o próprio amor de Deus é plenitude de vida. Que dom inaudito nos dá o amor de Deus, do Deus fiel! Ele se serve de nós e por nós dá ao mundo sua própria mãe; nós já distribuímos seu amor ao mundo. E essa qualidade de amor não é já certeza de vida, certeza de ressurreição?

> O tempo me foge, rápido,
> aceita minha vida, Senhor.
> Eu te trago em meu coração, tu és o tesouro
> que deve penetrar em todos os meus atos.
> Cuida de mim, guarda-me,
> é teu o amor: alegria e pena.
> Que nenhum outro recolha um suspiro.
> Escondida em teu tabernáculo,
> eu vivo, trabalho para todos.
> Que seja tua a carícia de minha mão,
> e teu também o tom de minha voz.
> Através de minha miséria, que teu amor
> reapareça neste mundo árido,
> que ele desaltere, Senhor,
> na água que, de tua chaga,
> jorra abundantemente.
> Que ele aclare, sabedoria divina,
> a obscura tristeza de tantos homens, de todos.
> Transpareça Maria (PSp, 118).

ÍNDICE

Quem é Chiara Lubich? 5
    Difusão e organização do Movimento 9
    As relações com a Igreja católica........... 11
    Os diálogos... 12
    Os últimos anos...................................... 14
Abreviaturas... 17
Prefácio 19

1. Por mim...22
2. Ser uma criatura nova 28
3. Dilatar nosso coração 34
4. O pacto dos quarenta dias 41
5. Lá onde ninguém podia penetrar............46
6. Eu gostaria de encontrá-la em ti.............52
7. O ressuscitado vivo entre nós 58
8. Viver por dentro 65
9. Em relação de amor 71
10. Evangelizar 78

11. Sofrer e renascer pela unidade 85
12. A Lei da Vida....................................... 92
13. Jesus abandonado, o ressuscitado 99
14. Eis me aqui.. 106
15. Contigo nos tornamos uma outra Maria....112